Freizeitglück

5-Minuten-Vorlesegeschichten

Michelle Jelting

Verlag an der Ruhr

Impressum

Titel
5-Minuten-Vorlesegeschichten für Menschen mit Demenz –Freizeitglück

Autorin
Michelle Jelting

Titelbildmotiv
© nild – photocase

Druck
AZ Druck und Datentechnik GmbH, Kempten, DE

Ein Hinweis:

Die Ratschläge in diesem Buch sind von der Autorin erprobt und vom Verlag sorgfältig erwogen worden. Nehmen Sie dennoch eine genaue Prüfung entsprechend Ihrer Situation vor und wägen verantwortungsvoll ab, welche Anregungen Sie bei welchen Personen anwenden. Einige Anregungen können überwältigende Emotionen und Erinnerungen hervorrufen, andere nur bei medizinischer Unbedenklichkeit angewendet werden.

Verlag an der Ruhr
Mülheim an der Ruhr
www.verlagruhr.de

Unser Beitrag zum Umweltschutz:
Wir sind seit 2008 ein ÖKOPROFIT®-Betrieb und setzen uns damit aktiv für den Umweltschutz ein. Das ÖKOPROFIT®-Projekt unterstützt Betriebe dabei, die Umwelt durch nachhaltiges Wirtschaften zu entlasten. Unsere Produkte sind grundsätzlich auf chlorfrei gebleichtes und nach Umweltschutzstandards zertifiziertes Papier gedruckt.

ISBN 978-3-8346-3766-6

Inhalt

Vorwort 5
Über die Reihe 6

Ein sauberer Samstag
Freizeitbeschäftigung: Autopflege 7

Ein Wolf fürs Album
Freizeitbeschäftigung: Briefmarken sammeln 13

Der grüne Daumen
Freizeitbeschäftigung: Gartenarbeit 20

Ein glänzender Geburtstag
Freizeitbeschäftigung: Glanzbilder sammeln 27

Ein Pullover für die Schwiegermutter
Freizeitbeschäftigung: Stricken 34

Susi bekommt ein Haus
Freizeitbeschäftigung: Holzarbeit 41

Klingende Weihnacht
Freizeitbeschäftigung: Instrument spielen 48

Rendezvous im Lichtspielhaus
Freizeitbeschäftigung: Kino 56

Renate im Wilden Westen
Freizeitbeschäftigung: Lesen 63

Inhalt

Kleider machen Leute

Freizeitbeschäftigung: Schneidern 70

Der kleine Lokomotivführer

Freizeitbeschäftigung: Modelleisenbahn 78

Ab ins kühle Nass

Freizeitbeschäftigung: Schwimmen 86

Das Osterkonzert

Freizeitbeschäftigung: Singen 93

Ein waschechter Männerabend

Freizeitbeschäftigung: Skatrunde 100

Schneller, höher, stärker

Freizeitbeschäftigung: Sportverein 107

Let's twist again

Freizeitbeschäftigung: Tanzen 115

Das Wandern ist der Müllers Lust

Freizeitbeschäftigung: Wandern 122

Vorwort

Liebe Vorlesende, liebe Zuhörende,

was könnte es Schöneres geben, als sich während der Freizeit einem Hobby zu widmen? Wir tanken neue Energie für den Alltag, finden Entspannung, haben Spaß und treffen Gleichgesinnte. Freizeitbeschäftigungen machen einen wichtigen Teil unserer Persönlichkeit aus; wir definieren uns über das, was wir gerne machen, und formen so unseren Charakter.

Ob es das Sammeln schöner Gegenstände ist, Sport, Tanz oder Handarbeiten, unsere Steckenpferde begleiten uns ein Leben lang und selbst, wenn wir sie nicht mehr aktiv ausüben können, so kann uns auch das Erinnern daran Freude bereiten.

Ich wünsche Ihnen viel Freude beim Lesen und Zuhören. Vielleicht regt Sie ja die eine oder andere Geschichte an, mal wieder aus dem Alltag auszubrechen und die schönen Seiten des Lebens zu genießen.

Herzliche Grüße
Ihre Michelle Jelting

Über die Reihe

Lesen ist eine der schönsten und zeitlosesten Freizeitbeschäftigungen für Jung und Alt. In Erzählungen abtauchen, sich in andere Personen hineinversetzen, via Fantasie Zeitreisen unternehmen … Lesen bietet die Möglichkeit, dem Alltag zu entfliehen und ihn gleichzeitig zu verarbeiten. Wem das Lesen jedoch Mühe bereitet, der kann Lesevergnügen auch über das Vorlesen erleben.

Die Reihe „5-Minuten-Vorlesegeschichten für Menschen mit Demenz" berücksichtigt die Einschränkungen von Menschen mit Demenz mit kurzen, pointierten und einfachen Geschichten, die an das Alltagserleben anknüpfen. Mal humoristisch, mal nachdenklich oder auch religiös-besinnlich – je nach Anlass und Situation können Sie die passende Geschichte auswählen und die Zuhörer zum Gedankenaustausch anregen. Die entsprechenden Anschlussfragen zu jeder Geschichte bieten die dazu nötigen Anknüpfungspunkte – für ein abwechslungsreiches (Vor-)Lesevergnügen!

Ein sauberer Samstag

Es war Samstagmittag und Karlheinz bereitete sich für den wöchentlichen Badetag vor. Nein, die Politur, das Waschmittel und Glasrein waren nicht für ihn gedacht. Heute wurde der Opel vor dem Haus auf Vordermann gebracht.

Den Opel Rekord hatte er erst vor ein paar Wochen angeschafft und er war sein ganzer Stolz. In der Straße hatte nur ein weiterer Nachbar ein Auto und so zog der Opel den ein oder anderen neidischen Blick auf sich.

„Papi, darf ich dir beim Autowaschen helfen?"

Karlheinz' kleiner Sohn betrachtete mit großen Augen die ganzen Putzmittel.

„Du darfst gerne mitkommen und mir dabei zuschauen. Mama ist sicherlich froh, uns aus dem Haus zu haben, nicht wahr, Liebling?"

Karlheinz' Frau stand in der Küche und spülte das Geschirr vom Mittagessen ab.

„Ganz genau, lasst euch ruhig Zeit!", rief sie ihren beiden Männern zu.

Karlheinz und sein Sohn verließen die Wohnung und gingen vor die Tür, wo auch schon der Opel wartete.

Dort nahm Karlheinz die Putzmittel aus dem Eimer, in dem er sie nach draußen getragen hatte.

„Lauf doch mal runter zum Bach und hol mir einen Eimer voll Wasser", sagte er zu seinem Sohn, der flugs loslief.

Karlheinz öffnete das Auto und sogleich stieg ihm der angenehme Neuwagengeruch in die Nase.

Er nahm die Fußmatten aus dem Innenraum heraus und klopfte sie auf der Straße aus. Dann nahm er das

Staubtuch und wischte sorgfältig das Lenkrad, das Armaturenbrett und alle anderen Oberflächen ab.

Als er gerade das Glasrein zur Hand nehmen wollte, um die Fenster im Innenraum zu reinigen, hörte er, wie sein Name gerufen wurde.

„Hallo Karlheinz, steht wieder der Wochenputz an?"

Es war sein Nachbar Harald, der im Erdgeschoss des Hauses wohnte. Er lehnte sich aus dem Fenster und schaute Karlheinz aufmerksam zu.

„So ist es, Harald. So ein Auto möchte auch gepflegt werden."

„Ganz recht. Ein schöner Wagen!", sagte Harald.

„Wie wäre es dabei mit ein wenig Unterhaltung?"

Er wartete erst gar nicht auf eine Antwort, sondern stellte ein funkelnagelneues Kofferradio auf die Fensterbank neben sich. Er schaltete es ein und stellte den Sender ein. Sogleich war die aufgeregte Stimme eines Sportmoderators zu hören. Die Übertragung des samstäglichen Fußballspiels hatte gerade begonnen.

„Klasse, so macht der Waschtag doch gleich noch mehr Freude!"

Karlheinz widmete sich wieder dem Reinemachen der Fenster und hörte gleichzeitig dem Fußballspiel zu. Mit

Zeitungspapier trocknete er die Scheiben, bis sie blitzeblank waren. Jede Ecke des Innenraums des Opels war nun sauber und rein.

Unterdessen war auch Karlheinz' kleiner Sohn mit dem Eimer voll Wasser wiedergekommen. Karlheinz nahm nun das spezielle Autowaschmittel zur Hand und seifte den Opel damit gründlich ein. Mit klarem Wasser spülte er dann nach. Schnell war der Eimer mit dem Wasser geleert und sein Sohn lief schnell wieder los, um den Eimer am Bach wieder zu füllen.

Karlheinz wischte sich über die Stirn und lehnte sich an die Hauswand. Da kam noch ein weiterer Nachbar aus dem Nebenhaus vorbei.

„Was ist denn hier los? Ihr habt es euch aber gemütlich gemacht", lachte er mit Blick auf Karlheinz, der an der Wand lehnte, und Harald, der noch immer aus dem Fenster schaute.

Und so hörten sie sich zu dritt das Fußballspiel an. Die kleine Versammlung wuchs sogar noch weiter.

Die Schulfreunde von Karlheinz' Sohn kamen mit einem Ball angelaufen. Höflich fragten sie, ob sie dem Spiel aus dem Radio zuhören dürften, und setzten sich dann auf die Bordsteinkante.

Als Karlheinz' Sohn mit dem zweiten Eimer Wasser zurückkam, freute er sich sehr, seine Freunde zu sehen. Er setzte sich zu ihnen und mit glänzenden Augen hörten die Kinder dem Fußballspiel zu.

Karlheinz widmete sich wieder dem Opel. Mit dem Wasser spülte er das restliche Waschmittel ab und wischte mit einem Tuch noch einmal nach.

Nun folgte der letzte Schritt. Er gab einen kleinen Klecks Autopolitur auf ein Tuch und rieb den Opel gleichmäßig damit ein. Mit langsamen, kreisenden Bewegungen polierte er den Wagen.

Als er damit fertig war, ging er zufrieden um das Auto herum. Es blitzte und strahlte wie neu.

Harald reichte Karlheinz eine Flasche Bier aus dem Fenster hinaus.

„Nach so viel Arbeit am Samstag hast du dir ein Feierabendbierchen redlich verdient.

Lassen Sie erzählen:

* Hatten Sie früher auch ein Auto? Von welcher Marke war es?
* Wie häufig haben Sie früher Ihr Auto gewaschen?
* Welche Schritte gehören für Sie zu einer gründlichen Autowäsche?
* Welche Sendungen haben Sie gerne im Radio gehört?
* Welche Sportart hat Sie früher besonders begeistert?

Was Sie noch tun können:

Verteilen Sie Bilder von alten Autos und lassen Sie die Senioren raten, um welche Marken es sich handelt.

Ein Wolf fürs Album

Mama und Papa waren in die Stadt gefahren und Opa war in der guten Stube auf dem Sessel eingeschlafen. Ich hatte meine Schulaufgaben erledigt und langweilte mich. Gerne hätte ich mit Opa gespielt, wollte ihn aber nicht aufwecken. Also dachte ich mir ein Spiel aus. Ich war Abenteurer und auf der Suche nach einem verlorenen Schatz. Auf leisen Sohlen schlich ich auf den Dachboden. Der Boden wurde nur von einer flackernden Glühbirne erleuchtet und der Großteil lag in unheimlicher Dunkelheit.

Mama wollte nicht, dass ich allein auf dem Dachboden spielte, aber jetzt war ich nun mal ein furchtloser Abenteurer. Ich näherte mich einer alten Truhe, in der ich Juwelen und andere Kostbarkeiten vermutete. Ich öffnete die Truhe und blickte auf alte Fotos von Opa und staubige Bücher. Ich nahm eines der Bücher in die Hand und schlug es auf. Es war ein Album voller Briefmarken.

Da hörte ich von unten Opa nach mir rufen. Ich machte die Truhe wieder zu. Das Album nahm ich jedoch mit und lief damit zu meinem Großvater.

„Opa, ich habe diese Briefmarken auf dem Dachboden gefunden! Warum stecken sie denn in einem Album?“

Opa lachte und setzte mich auf seinen Schoss.

„Als ich so alt war wie du, Friedhelm, habe ich alle Briefmarken, die ich in die Hand bekommen habe, in diesem Einsteckalbum gesammelt.“

Er schlug das Album auf.

„Schau mal diese Marke hier. Die habe ich damals von einem Brief meiner Tante gelöst, weil ich sie so schön fand. Damit hat alles angefangen.“

Ich wollte die Marke aus dem Album nehmen, um sie mir besser ansehen zu können.

„Nein, nein!", sagte Opa schnell und ich zog meine Hand zurück.

„Komm mal mit. Ich zeige dir, wie du mit den Briefmarken umgehen musst."

Ich folgte Opa in sein Zimmer. Er legte das Album auf seinen Sekretär und zog eine Schublade auf.

„Hier, mit dieser Pinzette kannst du die Briefmarken vorsichtig aus dem Album nehmen. So können sie nicht kaputtgehen. Und mit dieser Lupe kannst du jedes Detail sehen."

Als meine Eltern wieder nach Hause kamen, saßen Opa und ich noch immer in Opas Zimmer und schauten uns Briefmarken an.

„Friedhelm, du müsstest schon längst im Bett sein. Jetzt aber schnell."

Grummelnd legte ich die Pinzette und die Lupe aus der Hand. Opa zwinkerte mir zu und zog einen dicken Wälzer aus dem Regal.

„Das ist ein Michel-Katalog. Jeder Sammler hat so einen Briefmarkenkatalog, der Angaben zu sämtlichen Briefmarken macht. Und jetzt eine gute Nacht!"

Als ich im Bett lag und meine Mutter das Licht ausgeschaltet hatte, nahm ich meine Taschenlampe und blätterte unter der Bettdecke in dem Briefmarkenkatalog, bis mir die Augen zufielen.

In den kommenden Tagen nutzte ich jede freie Minute, um in Opas Einsteckalbum zu blättern und die Briefmarken in dem Katalog zu finden. Da waren Briefmarken mit berühmten Persönlichkeiten, geschichtlichen Ereignissen, Blumen und Tieren.

Als ich eines Tages von der Schule nach Hause kam, wartete Opa schon an der Tür auf mich. Wir gingen in die gute Stube und auf dem Tisch lag ein hübsch verpacktes Geschenk für mich. Aufgeregt packte ich es aus. Es war ein Einsteckalbum.

„Da du dich so für meine Briefmarkensammlung interessierst, dachte ich, dass es nun an der Zeit ist, dass du deine eigene Sammlung anfängst."

Ich fiel ihm begeistert um den Hals.

Jeden Abend, wenn Papa die Post durchschaute, stand ich schon bereit. Ich löste die Briefmarken von den Umschlägen ab und steckte sie in mein neues Album.

An einem Nachmittag nahm mich Opa nach der Schule mit zur Post. Am Schalter sagte Opa zu dem Postmitarbeiter, dass er gerne die neuen Wohlfahrtsmarken kaufen würde.

Von den Wohlfahrtsmarken, die ganz besondere Bilder zeigten, hatte ich in meinem Briefmarkenkatalog schon gelesen.

Wieder zu Hause, zeigte mir Opa die vier Marken. Auf den Marken waren verschiedene Bilder aus dem Märchen „Rotkäppchen“ der Brüder Grimm zu sehen.

„Vielen Dank, Opa. Die Marken sind ja so toll!“

Schnell lief ich in mein Zimmer und holte mein Einsteckalbum aus dem Regal. Mit der Pinzette nahm ich meine neuen Briefmarken und hielt sie nacheinander unter die Lupe. Dann verstaute ich sie sorgfältig in dem Album. Gerade wollte ich die Briefmarke mit dem Jäger und dem Wolf in das Album stecken, als meine Mutter zum Abendessen rief. Ich legte die Briefmarke und die Pinzette beiseite und lief in die Küche. Die Briefmarke konnte ich ja immer noch später in mein Album stecken.

Am nächsten Tag kam ich von der Schule nach Hause und ging in mein Zimmer. Meine Mutter hatte aufgeräumt und mein Briefmarkenalbum lag zugeklappt auf meinem Tisch. Doch die Briefmarke mit dem Jäger und dem Wolf war verschwunden.

„Mutti, hast du die Briefmarke gesehen, die auf meinem Schreibtisch lag?“

„Ja, die habe ich heute Morgen auf einen Brief an deine Tante geklebt.“

Wütend und mit Tränen in den Augen lief ich in mein Zimmer. Das konnte doch nicht wahr sein!

Mutti entschuldigte sich, als sie merkte, dass ich traurig war. Noch Tage darauf war ich gekränkt.

Da kam sie eines Samstagmorgens zu mir ins Zimmer und hielt einen Briefumschlag in der Hand.

„Deine Tante hat zurückgeschrieben und schau mal, was für eine Marke darauf klebt.“

Es war die Briefmarke mit dem Jäger und dem bösen Wolf. Auch wenn diese Marke von der Post abgestempelt war, freute ich mich doch sehr, sie wiederzuhaben.

„Nächste Woche findet ganz in der Nähe eine Briefmarkenbörse statt. Da gehen wir zusammen mit Opa hin. Ich hoffe, du bist mir nicht mehr böse, Friedhelm.“

Ich umarmte meine Mutter. Eine Briefmarkenbörse! Ich konnte es kaum erwarten.

Lassen Sie erzählen:

* Haben Sie Briefmarken gesammelt? Oder jemand aus Ihrem Familien- oder Bekanntenkreis?
* Was war Ihr Lieblingsmotiv auf einer Briefmarke?
* Haben Sie Brieffreundschaften gepflegt?
* Was kostete eine Briefmarke in Ihrer Jugendzeit?
* Haben Sie einmal eine Briefmarkenbörse besucht? Welche Erinnerungen haben Sie daran?

Was Sie noch tun können:

Bringen Sie ein Briefmarkenalbum mit einigen Briefmarken darin mit und lassen Sie Ihre Zuhörer darin blättern. Nehmen Sie eine Briefmarke mit einer Pinzette aus dem Album und legen Sie sie den Senioren in die ausgestreckten Hände. Lassen Sie die Senioren die Briefmarke beschreiben und halten Sie eine Lupe bereit.

Der grüne Daumen

Der September neigte sich dem Ende zu und die Spätsommersonne ließ den Garten in einem warmen Licht erscheinen.

Gisela stand mit einer Tasse Tee in der Küche und blickte aus dem Fenster in den Garten hinaus.

In den Sommermonaten hatte sie mit ihrer Familie täglich im Garten gesessen und die Sonne genossen.

Die Kinder hatten gespielt und sie hatte unter dem Sonnenschirm gelesen. Abends hatte sie die Blumen in den Beeten, die Obstbäume und das Gemüse gewässert.

Nun stand der Herbst vor der Tür und das bedeutete, dass der Garten für den Winter vorbereitet werden musste.

„Herbert, könntest du die Leiter aus dem Schuppen holen und mit den Kindern die Äpfel ernten?"

Die Kinder jubelten und Herbert stellte seine Kaffeetasse auf die Spüle.

„Das machen wir. Kommt, Kinder, es geht los. Heute wird ein anstrengender Tag."

Sie gingen zusammen in den Garten. Herbert stellte die Leiter unter dem Apfelbaum auf. Die Kinder liefen um die noch leeren Körbe herum, die zum Sammeln der Äpfel bereitstanden.

Gisela ging zu den Gemüsebeeten. Zuerst erntete sie die Kartoffeln. Die Knollen waren fantastisch gewachsen. Schnell war ein großer Korb gefüllt.

Dann waren die Karotten an der Reihe. Gisela lockerte den Boden vorsichtig und zog die wunderbar orangefarbenen Karotten aus der Erde. Daraus wollte sie einen leckeren Eintopf kochen.

Auch der Rotkohl und der Weißkohl sahen toll aus. Die Kohlköpfe zog Gisela samt Wurzeln heraus.

Gisela trug die bis oben hin gefüllten Körbe in den Keller. Sie hatte so viel Gemüse geerntet, dass die Familie die Wintermonate über versorgt sein würde.

Gisela wischte sich den Schweiß von der Stirn. In der Küche stellte sie eine Flasche Limonade und Gläser auf ein Tablett und trug es in den Garten.

„Herbert, Kinder, lasst uns eine kurze Pause einlegen!"

Ihr Mann stieg schnaufend von der Leiter und kam mit den Kindern zu Gisela.

„Mama, ich habe gerade einen Apfel probiert. Die sind ja so sauer!"

„Das müssen sie auch sein. Das sind Boskop-Äpfel, die schmecken immer ein wenig säuerlich", erklärte Gisela.

Herbert, der immer noch ganz geschafft vom Apfelpflücken war, reichte Gisela einen der Äpfel.

„Schau mal, wie groß die geworden sind. Das ist eine reiche Ernte in diesem Jahr!"

Nachdem die Limonade ausgetrunken war, ging es zurück an die Arbeit.

Gisela ging zu den Blumenbeeten. Die Astern und Fetthennen standen in voller Blüte. Gisela blickte die Blumen einen Moment glückselig an. Dann begann sie, die Erde an den nicht bewachsenen Stellen aufzulockern und kleine Löcher auszuheben. In die Löcher gab sie etwas Kompost vom Komposthaufen.

Nun konnte sie die Zwiebeln für Frühlingsblumen in die Löcher pflanzen.

Im Frühjahr würden hier dann wunderschöne Tulpen, Narzissen, Schneeglöckchen und Krokusse blühen.

Herbert und die Kinder hatten schließlich alle Äpfel geerntet. Der Nachmittag war bereits angebrochen und so gab es erst einmal etwas zu essen. Die Arbeit im Garten war ganz schön anstrengend, doch nach dem Essen ging es gleich weiter.

Herbert nahm die Heckenschere zur Hand und begann, damit die Hecke zu schneiden.

Gisela und die Kinder ernteten die reifen Brombeeren. Gisela war jedoch fast die gesamte Zeit damit beschäftigt, die Kinder davon abzuhalten, die Brombeeren direkt zu essen.

Als langsam die Sonne unterging, waren alle Arbeiten im Garten erledigt.

Die Kinder hatten sogar noch einen kleinen Unterschlupf für Igel gebaut. Sie wollten unbedingt, dass ein paar Igel bei ihnen im Garten überwinterten. Ein Schälchen mit Futter stand auch schon bereit.

Glücklich und zufrieden saß Gisela in der Küche. Der Garten war ihr kleines Paradies und auch wenn sie von dem arbeitsreichen Tag über alle Maßen erschöpft war, konnte sie sich keine schönere Beschäftigung vorstellen.

Am nächsten Tag kochte Gisela die Brombeeren zu Gelee ein. Die Äpfel hatten sie und Herbert zum großen Teil schon im Keller eingelagert. Ein paar hatte Gisela zuvor aber in die Küche gelegt. Denn jedes Jahr nach der Ernte backte sie einen Apfelkuchen.

Die Äpfel waren wirklich schön groß geworden, knackig und schmeckten genau so, wie Boskop-Äpfel schmecken mussten.

Zum Nachmittag deckte Gisela den Gartentisch mit einer hübschen Tischdecke. Den Apfelkuchen platzierte sie in der Mitte und rief nach Herbert und den Kindern.

„Das ist der beste Apfelkuchen, den du jemals gemacht hast!", sagten die Kinder schmatzend. Der Apfelkuchen schmeckte tatsächlich ganz köstlich.

Nachdem alle gesättigt waren, liefen die Kinder los zu dem Igelunterschlupf. Vielleicht hatte sich ja schon einer dort ein neues Zuhause gesucht.

Herbert war unterdessen eingenickt und schnarchte so laut wie eine Motorsäge.

Giselas Blick schweifte über den Garten. Die Herbstsonne ließ die Blumen und das Laub wieder in bunten Farben erstrahlen.

Nein, einen schöneren Ort als ihren kleinen Garten gab es auf der ganzen Welt nicht.

Lassen Sie erzählen:

* Hatten Sie früher einen Garten?
* Was haben Sie in Ihrem Garten angebaut?
* Was haben Sie aus der Ernte gekocht oder gebacken?
* Welchen Obstkuchen essen Sie am liebsten?
* Was ist Ihre Lieblingspflanze?

Was Sie noch tun können:

Unternehmen Sie mit den Senioren einen kleinen Rundgang durch den Garten und lassen Sie sie einzelne Pflanzen benennen. Alternativ können Sie Bilder von Pflanzen aus Zeitschriften ausschneiden und diese von den Senioren bestimmen lassen.

Ein glänzender Geburtstag

Karin und Elke standen auf dem Schulhof. Die große Pause hatte gerade begonnen. Die Jungen nutzten die ersten warmen Tage des Jahres, um in der Pause Fußball zu spielen. Doch die Mädchen hatten etwas ganz anderes zu tun.

Vor ein paar Wochen hatte eine Schülerin aus der dritten Klasse einen Bogen mit Glanzbildern mitgebracht. Sie hatte die Bilder von ihrer Mama geschenkt bekommen und sie stolz auf dem Schulhof den Klassenkameradinnen gezeigt.

Sofort war ein regelrechtes Sammelfieber unter den Schülerinnen ausgebrochen. Das Taschengeld wurde im Kaufhaus für die schönsten Glanzbilder ausgegeben. Eltern wurden von ihren Töchtern angebettelt, ihnen Glanzbilder zu schenken. Und die Schulpausen wurden dazu genutzt, dass sich die Schülerinnen ihre neuesten Bilder zeigten und gegenseitig tauschten.

Karin zeigte Elke gerade ein wunderschönes, neues Glanzbild in ihrem Sammelalbum.

„Oh, das ist aber ein tolles Bild!“, rief Elke begeistert.

Karin hatte am Tag zuvor ein Bild bekommen, das ein Mädchen in einem gelben Kleid mit einem spielenden Hund zeigte. Sie hatte einer Klassenkameradin dafür ein Glanzbild mit einem pausbäckigen Engel gegeben.

„Ja, nicht? Wie hübsch das gelbe Kleid ausschaut!“, sagte Karin lächelnd.

Sie strich mit ihrem Finger über das Glanzbild und fühlte die raue Oberfläche.

Elke holte nun ihr Sammelalbum aus dem Schulranzen.

„Meine Schwester hat mir gestern ein Bild geschenkt, schau mal!"

Elkes neues Glanzbild war ebenfalls ganz entzückend. Es zeigte einen geflochtenen Korb, der mit hübschen Feldblumen gefüllt war. Auf dem Henkel des Korbs saß ein bunt gefiederter Vogel, der eine Blume im Schnabel trug.

„Ein sehr nettes Bild, Elke, aber schaut euch an, was ich im Kaufhaus erstanden habe", sagte plötzlich eine Stimme hinter Karin und Elke.

Es war Clara, eine Mitschülerin von den beiden Mädchen. Claras Papa war Arzt und dementsprechend reich war die Familie. Clara war eine Angeberin und sehr arrogant. Trotzdem wurde sie von den meisten Mädchen um ihre teure Kleidung beneidet. Wenn Clara manchmal von ihrem Vater von der Schule abgeholt wurde, kamen die Schuljungen immer angerannt. Denn Claras Vater fuhr ein eigenes Automobil.

Doch Karin und Elke ließen sich von Claras Aufschneiderei nicht beeindrucken.

„Dann zeig dein tolles Bild doch mal her, Clara", sagte Karin mit herausfordernder Stimme.

Clara hielt Karin und Elke ihr Sammelalbum hin.

Karin machte große Augen. So ein tolles Glanzbild hatte sie wahrlich zuvor noch nicht gesehen.

Ein strahlend schöner Engel war darauf zu sehen. Der wunderschöne, blonde Engel trug ein wallendes, blaues Kleid und hielt eine goldene Harfe in der Hand. Die Harfe wurde von Rosen umrankt. Weitere kleine Röschen waren in die langen, blonden Haare des Engels eingeflochten. Die Flügel schimmerten zart silbern.

„Clara, würdest du das Bild gegen mein Bild mit dem Mädchen und dem spielenden Hund tauschen?"

Karin zeigte Clara das Glanzbild aus ihrem Sammelalbum. Clara zog die Augenbrauen hoch.

„Das ist ja ganz schön, aber mein Bild ist noch viel schöner. Das werde ich nicht tauschen", sagte Clara mit spitzer Stimme und ging.

Da klingelte auch schon die Schulglocke und verkündete das Ende der großen Pause. Karin schaute enttäuscht hinter Clara her und blickte dann Elke an.

„Diese eingebildete Kuh!"

Elke lachte kopfschüttelnd. Mit einer finster dreinblickenden Karin machte sie sich auf den Weg zur nächsten Schulstunde.

In den kommenden Tagen versuchte Karin immer wieder, Clara zu überreden, das Glanzbild mit ihr zu tauschen. Doch es war vergebens. Clara wollte das Bild nicht hergeben.

„Ach, ich kann es ja irgendwie verstehen, dass Clara nicht tauschen möchte. Das Bild ist wirklich zu schön und ich würde es auch nicht hergeben wollen“, sagte Karin traurig zu Elke.

Kurz darauf war Karins Geburtstag. Ihre Mutter hatte einen Marmorkuchen gebacken und einen Strauß mit bunten Rosen auf den Esstisch gestellt. Erwartungsfroh packte Karin ihre Geschenke aus.

Sie hatte ihren Eltern von dem wunderschönen Glanzbild mit dem Engel erzählt und sich ein ebenso hübsches Bild gewünscht. Doch ihre Eltern hielten Glanzbilder für Firlefanz und konnten der Sammelei der Tochter nicht so recht etwas abgewinnen. Ihre Eltern waren eher praktisch veranlagt.

Da schellte es an der Tür.

„Elke ist da!“

Schnell lief Karin los und ließ Elke in die Wohnung eintreten. Die Mutter hatte heißen Kakao zubereitet und gemeinsam aßen sie den Marmorkuchen. Anschließend gingen die beiden Mädchen in Karins Zimmer, um zu spielen.

Elke wurde plötzlich ganz aufgeregt und überreichte Karin einen kleinen Umschlag.

„Ich möchte dir natürlich auch eine Kleinigkeit schenken!", rief sie und konnte ein breites Grinsen kaum unterdrücken.

Karin öffnete den Umschlag und die Überraschung war riesig! Das Glanzbild mit dem Engel im blauen Kleid kam zum Vorschein. Karin konnte es kaum fassen und sah Elke mit ungläubigen Augen an.

„Elke, wie bist du an das Bild gekommen?"

Elke lachte angesichts der Überraschung in Karins Gesicht hell auf.

„Es hat Tage gedauert, Clara zu überreden, mir das Bild zu geben. Ich habe ihr mehr als die Hälfte meiner Glanzbilder zum Tausch angeboten und schließlich hat sie nachgegeben. Ich wollte dir das schönste Geschenk überhaupt machen."

„Das ist dir gelungen. Aber du hast ihr wirklich fast alle deine Glanzbilder gegeben? Elke, du bist die beste Freundin, die es gibt!"

Lassen Sie erzählen:

* Was war Ihre persönliche Sammelleidenschaft?
* Haben Sie damals Glanzbilder gesammelt?
* Hatten Sie ein Lieblingsbild? Wie sah es aus?
* Wie sah Ihr Sammelalbum aus?
* Mit wem haben Sie Glanzbilder oder andere Dinge getauscht? Und wo hat der Tausch stattgefunden?

Was Sie noch tun können:

Bringen Sie verschiedene Glanzbilder mit. Lassen Sie die Senioren die Bilder befühlen und beschreiben.

Ein Pullover für die Schwiegermutter

„Ursula, meine Mutter hat gerade angerufen. Sie hat uns zu ihrem Geburtstag zum Essen eingeladen."

Ich sitze mit einem Buch auf dem Sofa im Wohnzimmer, als mein Mann mir die Einladung seiner Mutter aus dem

Flur zuruft. Ich schließe kurz die Augen. Ich versuche schon seit unserer Heirat, Bernhards Mutter so gut es geht aus dem Weg zu gehen. Immer wenn wir uns sehen, übt sie Kritik an mir aus. Ich führe den Haushalt falsch, ich bin nicht sparsam genug, meine Kochkünste lassen zu wünschen übrig. Und wie soll ich meinen Töchtern denn irgendwann ein gutes Vorbild sein, wenn auf den Regalen immer Staub liegt?

Bernhard versucht, mich jedes Mal zu beruhigen, aber ich rege mich fürchterlich über die alte Dame auf.

„Sie will doch nur mein Bestes, Ursula. Lass ihre Kommentare einfach an dir abprallen, sie ist halt noch vom alten Schlag. Du weißt, wie toll du bist. Ich weiß, wie toll du bist. Da ist es doch egal, was meine Mutter denkt", sagt Bernhard immer wieder.

Er hat ja Recht. Doch trotzdem ärgere ich mich immer wieder über meine Schwiegermutter.

Am kommenden Tag treffe ich in der Waschküche meine Nachbarin Angelika. Mit Angelika gehe ich regelmäßig zur Gymnastik und wir sind gute Freundinnen. Ich erzähle ihr vom anstehenden Geburtstag meiner Schwiegermutter und meinen Problemen mit ihr. Angelika ist wirklich eine gute Zuhörerin.

„Vielleicht musst du sie einfach mal richtig überraschen. Etwas ganz Freundliches tun und ihre Kritik an dir im Keime ersticken!“, schlägt Angelika vor.

„Das ist ja an sich eine gute Idee. Aber alles, was ich mache, findet sie mangelhaft!“ entgegne ich.

„Hm, sie scheint ja die perfekte Hausfrau und Mutter zu sein. Gibt es nicht irgendetwas, was sie nicht kann?“, fragt Angelika.

Ich überlege einen Moment. Bernhard hat mir einmal erzählt, dass seine Mutter ihm einen Pullover stricken wollte. Der Pullover an sich war viel zu kurz geworden. Danach hatte sie nie wieder etwas gestrickt.

Als ich Angelika davon erzähle, breitet sich ein Grinsen auf ihrem Gesicht aus.

„Zufälligerweise bin ich die weltbeste Strickerin, die diese Stadt jemals gesehen hat“, scherzt sie.

„Ich werde dir zeigen, wie man einen Pullover strickt, und schon hast du das perfekte Geschenk für ihren Geburtstag. Sie wird so beeindruckt sein, dass sie kein schlechtes Wort mehr über dich verliert.“

Am folgenden Samstag gehe ich mit Angelika Wolle einkaufen. Ich bin von Angelikas Plan noch nicht ganz überzeugt, aber einen Versuch ist es ja wert.

In dem Wollfachgeschäft gibt es eine große Auswahl an verschiedenen Garnen in den unterschiedlichsten Farben.

Ich entscheide mich für Wolle in einem hellen Blauton. Die Farbe wird meiner Schwiegermutter hoffentlich gut gefallen.

Wieder zu Hause, zeigt mir Angelika ihre gesammelten Strickanleitungen.

„Diese hier ist ganz einfach und der Pullover schaut doch klasse aus! Den habe ich auch als Erstes gestrickt."

Sie verschwindet kurz in ihr Schlafzimmer und kommt mit einem hübschen Pullover zurück. Ja, diesen Pullover möchte ich auch stricken.

Angelika erklärt mir nun das Vorgehen. Das Allerwichtigste, erklärt sie, sei die Maschenprobe. Auch sie als passionierte Strickerin mache immer eine Maschenprobe.

Angelika leiht mir passende Stricknadeln und zeigt mir, wie ich die Maschen anschlage. Dann erklärt sie mir, wie ich die Reihen stricke, einmal rechts und einmal links. Auch wie ich die nächste Reihe stricke, macht Angelika mir vor.

Die Maschenprobe ist schon bald fertig und es kann mit dem Pullover losgehen.

Ich bin schon ganz Feuer und Flamme für das Stricken geworden. Ich wusste vorher ja gar nicht, wie viel Spaß das macht.

Angelika leiht mir die Stricknadeln und die Anleitung aus. Zu Hause bin ich in den darauffolgenden Tagen nur noch mit Stricken beschäftigt. Zuerst ist das Rückenteil fertig. Das war ganz einfach. Nachdem das Vorderteil vollendet ist, kommen die Ärmel. Das ist schon etwas schwieriger, aber auch die Ärmel sind schon bald gestrickt.

Nun muss ich nur noch die Seiten- und Ärmelnähte schließen und die Ärmel einnähen.

Und dann ist der Pullover vollendet. Stolz halte ich ihn hoch. Auch Angelika ist ganz begeistert.

„Du bist ein wahres Naturtalent! Deine Schwiegermutter wird Augen machen!"

Dann ist der Geburtstag meiner Schwiegermutter auch schon gekommen. Bernhard und ich erreichen ihre Wohnung. Sie erwartet uns bereits.

„Ihr seid spät dran", begrüßt sie uns und schaut mich dabei strafend an.

Als sie kurz wegschaut, verdreht Bernhard die Augen und lächelt mir aufmunternd zu. Wir beglückwünschen sie zu ihrem Geburtstag und folgen ihr in die gute Stube, wo bereits Kaffee und Kuchen auf uns warten.

Ich ziehe den in Geschenkpapier verpackten Pullover aus meiner Tasche und überreiche ihr das Geschenk.

Sie bedankt sich halbherzig und fängt an, das Geschenk auszuwickeln.

Mit einem überraschten „Oh!" hält sie den Pullover hoch.

„Wie hübsch! Bernhard, hast du den ausgesucht?", fragt sie.

„Nein, Mutter, den hat Ursula selbst gestrickt."

Staunend schaut mich meine Schwiegermutter an.

„Den hast du selbst gestrickt? Ich wusste gar nicht, dass du stricken kannst. Ich habe es leider nie gelernt und konnte es mir später auch nicht selber beibringen. Wirklich toll, vielen Dank, Ursula", bedankt sie sich aufrichtig.

Was so ein selbst gestrickter Pullover doch bewirken kann.

Lassen Sie erzählen:

* Können Sie stricken? Oder beherrschen Sie andere Handarbeiten oder Handwerke?
* Haben Sie früher gerne gestrickt? Ging es Ihnen leicht von der Hand?
* Sind Sie auf ein Teil, das Sie gestrickt haben, besonders stolz?

Was Sie noch tun können:

Spinnen Sie mit Ihren Teilnehmern ein Netz mit einem Wollknäuel. Das Ende des Knäuels halten Sie fest und werfen das Knäuel einem Teilnehmer zu. Auch dieser hält den Faden fest und wirft das Knäuel weiter. Jeder Teilnehmer sollte das Knäuel mindestens einmal gefangen und einmal geworfen haben. Ist das Netz dicht genug, entwirren Sie es wieder. Dazu wirft der Letzte das Knäuel an den zurück, von dem er es erhalten hat. Der Fänger wickelt den Faden, soweit wie nötig, auf und wirft es dem zu, zu dem der Faden dann führt. So löst sich das Netz nach und nach wieder auf.

Susi bekommt ein Haus

Klaus arbeitete bei der Deutschen Bundesbahn. Seine Freizeit verbrachte er zumeist im Keller. Dort hatte er sich eine kleine Werkstatt eingerichtet. Die Arbeit mit Holz entspannte ihn nach einem anstrengenden Arbeitstag ungemein. Er hatte schon eine Kommode geschreinert und auch den Wohnzimmertisch hatte er selbst gebaut.

Seine Tochter Paula sah ihm immer gerne dabei zu, wenn er wieder etwas Neues bastelte, und fragte ihn immer aus, was er denn genau mache.

Doch eines Abends saß Paula ganz betrübt in der Ecke der kleinen Werkstatt. Sie drückte ihre Lieblingspuppe, die sie Susi genannt hatte, ganz fest an sich.

„Warum schaust du denn so bedröppelt aus der Wäsche?"

„Ach Papi, ich werde doch nächsten Monat eingeschult. Ich freue mich ja auf die Schule, aber was wird dann mit Susi?"

Wieder nahm sie ihre Puppe fest in den Arm.

Klaus lächelte.

„Susi ist doch schon ein genauso großes Mädchen, wie du es bist. Und du bist ja auch nur für ein paar Stunden in der Schule."

Das konnte Paula aber nicht aufheitern.

Klaus widmete sich wieder dem Stuhl, an dem er gerade arbeitete, und plötzlich kam ihm eine Idee.

Abends im Bett erzählte er seiner Frau davon. Er würde ein Puppenhaus bauen und es Paula zu ihrer Einschulung schenken. So müsste sich Paula keine Sorgen mehr um ihre Puppe Susi machen.

Seine Frau war ganz begeistert von der Idee. Sie würde schöne Bezüge für die Möbel nähen.

Am Wochenende ging Klaus zum Tischler, um dort das Holz für das Puppenhaus zu erstehen. Er brauchte mehrere Holzplatten für die Wände, die Böden, die Rückwand und das Dach.

Zurück in seiner Werkstatt zeichnete er mit Bleistift auf den Seitenwänden und der Rückwand Öffnungen für die Fenster ein. Er sägte die Öffnungen aus. Auch für die Tür sägte er eine Öffnung aus.

Dann war das Dach dran. Dafür verleimte er zwei der Platten in einem Winkel, sodass die Dachform direkt zu erkennen war.

Im nächsten Schritt schraubte Klaus die Seitenwände an die Bodenplatte. Es folgten weitere Wände und eine Zwischenetage. Schon bald war er mit dem Verschrauben fertig und das Puppenhaus war fast komplett.

Bevor Klaus das Dach auf das Haus montierte, lackierte er es in rot und malte die Wände in dem Puppenhaus bunt an. Nachdem die Farbe getrocknet war, setzte Klaus das Dach auf das Haus.

Zufrieden betrachtete er sein Werk. Das Puppenhaus hatte drei Etagen und fünf Räume.

Die Räume mussten jetzt noch eingerichtet werden.

In den kommenden Tagen bastelte er zahlreiche kleine Möbel.

Für das Schlafzimmer fertigte er ein Bett und eine hübsche, kleine Kommode an.

In das Wohnzimmer kamen ein Tisch, ein Sofa, ein Sessel und ein Regal.

Das Badezimmer wurde mit einer Badewanne, einem Waschbecken und einer Toilette ausgestattet.

Für die Küche stellte er einen Esstisch und Stühle, einen Herd und einen Küchenschrank her.

Aus dem fünften Raum machte Klaus ein Spielzimmer mit einer Truhe, einem kleinen Puppenwägelchen und verschiedenen Spielsachen.

Er malte die kleinen Möbel in verschiedenen Farben an. Seine Frau nähte unterdessen kleine Kissen und für das Bett blumige Bettwäsche.

Als alles fertig war, konnte das Puppenhaus eingerichtet werden.

Klaus und seine Frau standen vor dem fertigen Puppenhaus und sahen sich stolz an.

„Das ist eindeutig das schönste Puppenhaus, das ich jemals gesehen habe. Selbst die Puppenhäuser aus dem

Spielwarenladen können da nicht mithalten. Das war eine tolle Idee, Klaus. Paula wird vor Freude in die Luft springen!“

Am Abend vor Paulas Einschulung trugen Klaus und seine Frau das Puppenhaus in die Küche. Sie drapierten eine große, rote Schleife am Dach.

Am nächsten Morgen weckten die beiden ihre Tochter. Paula nahm ihre Puppe Susi in den Arm.

„Ich glaube, ich möchte nicht zur Schule gehen. Ich will Susi nicht allein lassen!“

Klaus und seine Frau nahmen Paula bei den Händen und führten sie in die Küche.

Die Augen der Kleinen wurden riesig groß, als sie das Puppenhaus erblickte.

„Nun hat Susi ihr eigenes Haus. Hier wird sie sich wohlfühlen, während du in der Schule bist.“

Aufgeregt bestaunte Paula das Puppenhaus und nahm nacheinander die Möbel in die Hände.

Vorsichtig drehte sie das kleine Bettchen hin und her und strich über die hübsche Bettwäsche. Dann griff sie nach der kleinen Kommode. Sie jauchzte, als sie die winzig kleinen Blümchen bemerkte, die ihr Vater auf das Möbelstück gemalt hatte.

Klaus und seine Frau schauten ihr dabei lächelnd zu.

„Das ist das allertollste Geschenk, das ich jemals bekommen habe! Vielen, vielen Dank!"

Stürmisch umarmte Paula ihre Eltern. Sie nahm Susi und setzte sie auf das Sofa in dem Puppenhaus.

„Das ist dein ganz eigenes Zuhause, Susi! Und wenn ich aus der Schule zurück bin, dann schauen wir es uns gemeinsam ganz genau an!"

Lassen Sie erzählen:

* Haben Sie gerne gebastelt?
* Haben Sie schon mal etwas aus Holz geschreinert oder gebastelt?
* Hatten Sie ein Puppenhaus? Wie sah dieses aus?
* Wie hieß Ihre Lieblingspuppe bzw. Ihr Lieblingsstofftier, als Sie Kind waren?
* Welche Erinnerungen haben Sie an Ihren ersten Schultag?

Was Sie noch tun können:

Spielen Sie doch mal eine Runde „Ich ziehe meine Puppe an“. Ein Teilnehmer beginnt: „Ich ziehe meiner Puppe einen Rock an.“ Der nächste wiederholt den Satz seines Vorgängers und fügt ein weiteres Kleidungsstück ein: „Ich ziehe meiner Puppe einen Rock und Söckchen an.“ Nach drei Kleidungsstücken wird eine neue Puppe angezogen.

Klingende Weihnacht

„Johann, hast du dein Notenheft eingepackt?"
„Ja, Mama, natürlich!"

Johann warf hektisch einen Blick unter sein Bett und in seine Kommode, um sein Notenheft schließlich unter einem Stapel Wäsche zu finden. Mein Bruder war wirklich sehr unordentlich. Ich hatte meine Tasche für die Klavierstunde natürlich schon längst gepackt.

„Jetzt komm doch endlich! Wir kommen zu spät zum Unterricht!", rief ich ihm ungeduldig zu und ging in Richtung Diele.

„Meine Güte, Anneliese, Herr Eibert wird schon nicht mit dem Klavier unter dem Arm weglaufen."

Manchmal war mein Bruder aber auch zu doof! Im Gegensatz zu ihm machte mir der Klavierunterricht sehr viel Spaß.

„Viel Spaß ihr beiden und benehmt euch. Johann, ich meine das ganz ernst!", sagte Mama und öffnete uns die Tür.

Herr Eibert, unser Klavierlehrer, wohnte nur etwa zehn Minuten von unserer Wohnung entfernt. Schon seit zwei Jahren gingen mein Bruder und ich jeden Samstagvormittag zu Herrn Eibert. Johann spielte schon länger als ich Klavier, aber Herr Eibert sagte, dass ich schon fast besser spielen konnte.

Wir klingelten und Frau Eibert begrüßte uns herzlich: „Immer herein, ihr beiden. Mein Mann ist sofort da."

Sie führte uns in das Wohnzimmer. Auf dem Tisch lagen noch einige Notenblätter und eine Geige. Frau Eibert war Violinistin und hatte bis gerade noch gespielt.

Da betrat Herr Eibert den Raum.

„Hallo, Anneliese, hallo, Johann. Habt ihr die Woche über denn auch fleißig geübt?", fragte er mit seiner tiefen Stimme.

„Na, aber natürlich, so wie Sie es von uns gewohnt sind", erwiderte Johann mit einem Grinsen.

„Na, dann wollen wir doch mal hören."

Zuerst war Johann dran. Er spielte eine Etüde von Mozart und anschließend eine von Bach. Er musste ein paar Mal von vorne beginnen, da er sich immer wieder verspielte.

Dann war ich an der Reihe. Ich wollte gerade mein Klavierbuch aufschlagen, da gab mir Herr Eibert ein anderes Buch in die Hand.

„In ein paar Wochen ist Weihnachten. Ich denke, wir sollten anfangen, ein paar Weihnachtslieder zu üben. Was meinst du, Anneliese?"

Meine Augen fingen an, zu leuchten. Ich liebte Weihnachten über alles und in diesem Jahr würde ich zum ersten Mal Weihnachtslieder auf dem Klavier spielen können!

Ich schlug das Buch auf, das Herr Eibert mir gegeben hatte, und schaute mir die Noten an. Einiges sah ganz schön schwierig aus. Herr Eibert blätterte zur Seite mit den Noten von „O, du fröhliche".

Ich schlug die Tasten an und mir wurde ganz warm

ums Herz. Die Zeit verging wie im Fluge und als Johann und ich uns auf den Weg nach Hause machten, konnte ich die nächste Stunde kaum erwarten.

Zu Hause fragte Mama uns, wie der Unterricht war. Mehr als ein „Wie immer“ konnte sie jedoch nicht aus uns herausholen. Ich erzählte ihr nicht, dass ich angefangen hatte, Weihnachtslieder zu lernen. Denn das würde meine Weihnachtsüberraschung für meine Eltern werden.

Das Fest rückte immer näher und ich übte in jeder Sekunde, in der meine Eltern nicht zu Hause waren, meine Lieder. Ich hatte Herrn Eibert erzählt, dass ich meine Eltern mit den Weihnachtsliedern überraschen wollte. Er fand die Idee ganz toll, sodass er mit mir länger als mit Johann übte, was meinem Bruder gar nicht so unrecht war.

An manchen Samstagen setzte sich Frau Eibert zu uns und begleitete mein Klavierspiel auf der Geige. Ich glaube, ich hatte mich zuvor noch nie so auf Weihnachten gefreut.

Am 23. Dezember ging mein Vater mit Johann in den Wald, um einen Weihnachtsbaum zu schlagen. Mama war beim Metzger, um die bestellte Weihnachtsgans abzuholen.

Schnell setzte ich mich an das Klavier und fing an, „O, du fröhliche" zu spielen. Doch ich verspielte mich andauernd. Ich setzte immer wieder von vorne an, doch mein Klavierspiel war schrecklich. Mir wurde ganz elend zumute. Ich hatte doch so viel geübt und Herr Eibert fand, dass ich die Weihnachtslieder ganz toll spielen konnte. Was war denn auf einmal los?

Als Mama wieder zu Hause war, sagte ich ihr, dass ich Herrn und Frau Eibert gerne Weihnachtsplätzchen vorbeibringen wollte. Mama fand das eine sehr nette Idee und gab mir eine Metalldose mit Plätzchen mit.

Schnell lief ich zur Wohnung der Eiberts und klingelte. Herr Eibert musste mir unbedingt helfen. Auch wenn wir die ganze Nacht üben müssten!

Frau Eibert öffnete die Tür.

„Anneliese, was machst du denn hier? Mein Mann ist noch unterwegs und kommt erst spät wieder."

Da fing ich an, zu weinen. Frau Eibert nahm mich bei der Hand und setzte mich im Wohnzimmer auf das Sofa.

Ich erklärte ihr mein Dilemma.

„So kann ich doch morgen meinen Eltern nicht vorspielen! Als hätte ich ganz plötzlich verlernt, wie Klavierspielen geht", schluchzte ich.

„Anneliese, du musst dir gar keine Sorgen machen", lächelte Frau Eibert. „Du hast Lampenfieber. Du bist so aufgeregt und dabei spielst du so toll. Deine Eltern werden ganz begeistert sein. Und außerdem sagt man, dass eine verpatzte Generalprobe das beste Zeichen für einen gelungenen Auftritt ist."

Dann nahm Frau Eibert ihre Geige in die Hand und strich sanft über die Saiten.

„Auch ich habe Tage, an denen ich kaum einen angenehmen Ton aus meiner Geige bekomme. Das ist ganz normal. Mach dir keine Sorgen."

Dann wischte sie mir die Tränen aus dem Gesicht.

„Frohe Weihnachten, Liebes. Wir sehen uns im neuen Jahr wieder und dann möchte ich alles von deinem Auftritt wissen."

Ich umarmte sie. Glücklich und frohen Mutes lief ich Heim.

Dann kam endlich Heiligabend. Tagsüber hatten Johann und ich den Weihnachtsbaum geschmückt. Papa hatte die Kerzen angebracht, die jetzt einen gemütlichen Glanz im Wohnzimmer verbreiteten.

„Kinder, ihr müsst jetzt in euer Kinderzimmer gehen, damit sich das Christkind auch zu uns hereintraut."

Gespannt warteten wir und da klingelte schon ganz leise das Glöckchen.

Wir liefen schnell zurück in das Wohnzimmer. Unter dem Weihnachtsbaum lagen kleine Geschenke für uns.

„Ich habe in diesem Jahr eine ganz besondere Überraschung für euch", sagte ich zu Mama und Papa.

Sie setzten sich auf das Sofa und ich ging zum Klavier. Ich atmete kräftig ein und fing an, „O, du fröhliche" zu spielen. Es klang besser als jemals zuvor. Dann spielte ich noch „Stille Nacht, heilige Nacht" und zum Abschluss „Süßer die Glocken nie klingen".

Als ich fertig war, stand ich von dem Klavierschemel auf, drehte mich um und verbeugte mich.

Papa und Johann fingen an, Applaus zu klatschen, und Mama wischte sich eine Träne aus dem Augenwinkel.

„Wunderschön, Anneliese. Dafür darfst du jetzt auch das erste Geschenk auspacken."

Lassen Sie erzählen:

* Haben Sie gelernt, ein Instrument zu spielen? Welches Instrument war das? Wer hat es Ihnen beigebracht?
* Haben Sie gemeinsam in der Familie oder in einem Orchester musiziert?
* Wurde zu Feiertagen bei Ihnen musiziert? Welche Lieder haben Sie gespielt?
* Welche Instrumente hören Sie besonders gerne?

Was Sie noch tun können:

Für eine kleine Handgymnastik spielen Sie gemeinsam eine Runde Klavier mit den Fingern. Die Hände und Finger werden dazu wie beim Klavierspielen bewegt. Beginnen Sie mit der Bewegung mit den Fingern in der Luft oder auf einem Untergrund. Wandern Sie dabei leicht nach links und rechts. Zu der Bewegung können Sie begleitend ein Lied anstimmen, das die Teilnehmer zum Mitmachen animiert.

Rendezvous im Lichtspielhaus

Helga stand vor dem Spiegel und kämmte sich sorgfältig. Dann band sie sich die Haare zu einem ordentlichen Pferdeschwanz zusammen.

Ihr neues, hellblaues Kleid passte ganz wunderbar zu ihren flachen Schnürschuhen.

Heute wollte sie besonders hübsch ausschauen, denn Norbert hatte sie zu einem Kinobesuch eingeladen. Zufrieden und auch ein wenig aufgeregt verließ sie die Wohnung und wartete vor der Haustür auf ihn.

„Guten Abend, Helga. Können wir losgehen?"

„Guten Abend, Norbert. Sehr gerne. Weißt du schon, was heute Abend für ein Film gezeigt wird?"

„Heute Abend zeigen sie ‚Das Gasthaus an der Themse' von Edgar Wallace. Freunde von mir haben den Film schon gesehen und waren ganz begeistert. Ich hoffe, du magst Krimis!"

Helga lächelte.

„Oh ja, sehr! Vor ein paar Jahren habe ich mit Freundinnen ‚Der Frosch mit der Maske' im Kino gesehen. Nein, was war der Film spannend!"

Norbert reichte Helga seinen Arm und gemeinsam schlenderten sie in Richtung des „Capitol"-Filmtheaters.

Kurz darauf sahen sie auch schon den Schriftzug „Capitol" in großen Lettern aufleuchten. Auf der Tafel unter den leuchtenden Buchstaben war der Edgar Wallace-Film angeschlagen.

Helga und Norbert gingen auf die Kinokasse zu. In Schaukästen hingen zahlreiche Kinoplakate.

„Guten Abend, wir hätten gerne zwei Karten für ‚Das Gasthaus an der Themse'", sagte Norbert zu dem Kartenverkäufer.

„Sehr gerne. Möchten die Herrschaften im Parkett oder auf einem Logenplatz sitzen? Ich habe noch zwei gemütliche Plüschsessel mit sehr gutem Blick auf die Leinwand."

Norbert lächelte Helga an.

„Das klingt gut. Dann nehmen wir diese beiden Plätze."

Norbert nahm die Karten entgegen und sie gingen zum Eingang. Dort wurden ihre Tickets kontrolliert und sie durften eintreten.

Das Foyer war mit einem roten Teppich ausgelegt und zahlreiche Leuchten tauchten es in ein einladendes Licht.

„Ich kann ja schon mal unsere Jacken an der Garderobe abgeben", bot Helga an und schnappte sich Norberts Jacke.

Als Helga von der Garderobe wiederkam, betraten sie den Kinosaal. Eine Platzanweiserin führte das Paar mit einer Taschenlampe zu seinen Sitzen.

Die Plüschsessel waren wirklich sehr gemütlich.

Es wurde dunkel im Kinosaal und die roten Samtvorhänge öffneten sich.

Auf der riesigen Leinwand wurde Werbung und ein Vorausblick auf kommende Filme gezeigt. Es folgte die „Wochenschau“.

Das Licht wurde wieder eingeschaltet und eine Verkäuferin mit einem Bauchladen ging durch die Reihen. Sie verkaufte Eis und andere Knabbereien.

„Sollen wir uns etwas Süßes gönnen? Was meinst du?“, fragte Norbert und schaute Helga mit einem Zwinkern an.

„Also wenn du schon so fragst, sehr gerne!“, antwortete Helga.

Norbert winkte die Verkäuferin heran. Er bestellte Eiskonfekt und die Verkäuferin nahm es aus dem Bauchladen heraus.

Nachdem alle Kinobesucher versorgt waren, verließ sie den Kinosaal.

Langsam wurde es dann wieder dunkel und der Film fing an.

„Hallo! Hier spricht Edgar Wallace.“

Der Film war so spannend, dass Helga immer wieder in ihrem Platz zusammenzuckte. Da legte Norbert ganz langsam seinen Arm um ihre Lehne. Helgas Herz machte einen Hopser. Sie lehnte sich an Norberts Schulter und fühlte sich überaus geborgen.

Es waren immer wieder Zwischenrufe im Kinosaal zu hören, woraufhin von der anderen Seite des Saals „Ruhe!" gerufen wurde.

Doch Helga und Norbert konnte das nicht ablenken. Gespannt verfolgten sie das Geschehen auf der Leinwand.

Die Hauptrolle spielte Joachim Fuchsberger und in einer Nebenrolle spielte Klaus Kinski.

Schließlich war der Verbrecher überführt und der Abspann lief an.

Im Kinosaal wurde es laut, als die Kinobesucher in Richtung des Ausgangs strömten.

Helga und Norbert blieben noch einen Moment sitzen und schauten sich verliebt an. Dann reichte Norbert Helga seine Hand und half ihr, aufzustehen. Sie gingen zurück in das Foyer und holten an der Garderobe ihre Jacken ab.

Norbert hielt Helga die Tür auf und sie verließen das Filmtheater.

Auf dem Heimweg sprachen sie angeregt über den gesehenen Film.

„Wie spannend der Film war! Und die Schauspieler waren so gut. Und wie hübsch die Schauspielerin der Leila war!"

Helga kam aus dem Schwärmen gar nicht mehr heraus.

„Es war wirklich ein toller Abend. Das müssen wir demnächst mal wiederholen."

Norbert lächelte Helga an und sie lächelte glücklich zurück. Er nahm ihre Hand in die seine und händchenhaltend begleitete er sie bis zu ihrer Wohnungstür.

Sie verabschiedeten sich und Helga ging in die Wohnung.

Als sie ihre Schuhe auszog, dachte sie für sich:

„Das war wirklich ein Abend wie im Film."

Lassen Sie erzählen:

* Sind Sie damals gerne ins Kino gegangen?
* Mit wem sind Sie ins Kino gegangen?
* Welche Leckereien gab es damals im Kino zu kaufen?
* Haben Sie einen Lieblingsfilm?
* Wie gefallen Ihnen die Filme von Edgar Wallace?

Was Sie noch tun können:

Bei der folgenden Auflistung sind die Titel berühmter Edgar Wallace-Filme durcheinandergeraten. Lassen Sie diese von den Senioren richtigstellen. Die korrekte Lösung steht in Klammern.

* Der Fuchs (Frosch) mit der Maske
* Die Banane (Bande) des Schreckens
* Die toten Augen von Lettland (London)
* Das Geheimnis der gelben Tulpen (Narzissen)
* Der schwarze Ast (Abt)
* Die Tür mit den acht (sieben) Schlössern

Renate im Wilden Westen

Der Regen trommelte unablässig gegen die Fenster und der Wind ließ die Bäume draußen tanzen.

Renate hatte sich in ihre warme Wolldecke eingekuschelt und beobachtete das ungemütliche Herbstwetter aus ihrem wohlig-geschützten Zimmer.

Es war Samstag und eigentlich hatte Renate sich mit ihrer Freundin Jutta treffen wollen. Doch Jutta hatte sich erkältet und musste zu Hause das Bett hüten.

So langweilte sich Renate und überlegte, was sie denn mit dem Tag anfangen könne.

Volker und Gerd, ihre beiden Brüder, waren mit dem Papa zu den Großeltern gegangen, um ihnen bei der Renovierung des Wohnzimmers zu helfen. Ihre Mutti war in der Küche beschäftigt.

Keiner hatte Zeit, mit Renate zu spielen!

„Eigentlich gar nicht mal so schlecht, dass alle beschäftigt sind!“, dachte Renate bei sich und schlüpfte aus ihrer Decke. Sie schlich in das Zimmer ihrer Brüder.

Gerd hatte zu seinem Geburtstag vor zwei Wochen ein Buch geschenkt bekommen, das er ihr nicht zeigen wollte. Sie liebte Bücher über alles und hatte Gerd böse angeschaut, als er mit dem Buch vor ihrer Nase rumgewedelt hatte.

„Das ist nichts für Mädchen, das ist nur was für echte Jungs!“, hatte er gesagt und war wie ein Indianer johlend um sie herumgelaufen.

Er war aber manchmal auch wirklich zu gemein zu ihr! Nur weil er zwei Jahre älter war und ein Junge.

Das konnte sie so nicht auf sich sitzen lassen. Ihr großer Bruder hatte ihr gar nichts zu sagen.

Renate ging auf Zehenspitzen in das Zimmer ihrer Brüder und schaute sich um.

Das Buch stand im Regal neben Gerds Schulbüchern. Schnell stibitzte sie es, lief in ihr Zimmer zurück und hüllte sich wieder in die Decke ein.

Nun konnte sie endlich einen Blick in das Buch werfen.

„Der Schatz im Silbersee" von Karl May hieß es.

Hatte sie nicht letzte Woche noch ein Kinoplakat gesehen, auf dem für „Der Schatz im Silbersee" geworben wurde? Papa hatte Mutti noch geneckt, weil sie den Hauptdarsteller so toll fand.

Renate schlug das Buch auf und roch erst mal an den Seiten. Der neue Geruch war immer das Größte.

Sie wollte gerade anfangen, zu lesen, als ihre Mutter in ihr Zimmer kam.

Schnell wollte Renate das Buch unter ihrer Decke verschwinden lassen, aber ihre Mutti hatte es schon entdeckt. Doch sie lächelte nur und zwinkerte Renate zu.

„Deine Brüder und Papa sind bestimmt noch ein paar Stunden bei Oma und Opa. Bei dem Wetter werden sie sich sicherlich erst einmal nicht auf die Straße wagen."

Lächelnd stellte sie einen Kakao auf Renates Nachttisch und ging mit einem kleinen Grinsen wieder aus dem Zimmer hinaus.

Draußen war der Regen noch stärker geworden und in der Ferne donnerte es sogar. Dankbar nippte Renate an dem heißen Kakao und widmete sich wieder Karl May.

Seite um Seite versank sie immer tiefer in der Geschichte. Westmänner und Schurken, Indianer und Schätze, Gut gegen Böse. Auf manchen Seiten musste Renate schlucken, auf anderen wieder laut auflachen. Tante Droll und Hobble-Frank waren ja so lustig! Und wie spannend es war, wenn Old Firehand wieder die verbrecherischen Pläne von Cornel Brinkley durchkreuzte.

Das Gewitter, das mittlerweile ganz nahe war, bekam Renate schon gar nicht mehr mit. Sie war jetzt im Wilden Westen unterwegs und erlebte Abenteuer auf der Suche nach Silber.

„Was machst du da, Renate?", fragte plötzlich eine Stimme.

Renate schreckte von der Seite hoch, in die sie gerade vertieft war, und schaute in das Gesicht von ihrem kleinen Bruder Volker.

„Ihr seid schon wieder zurück?" stammelte sie.

„Aber es ist doch schon ganz spät!“ meinte Volker.

Renate schaute auf die Uhr, die auf ihrem Nachttischchen stand.

Tatsächlich, es war schon Abend geworden. Sie hatte mehrere Stunden geschmökert und die Zeit ganz vergessen.

„Oh je, wo sind denn Papa und Gerd?“

Hastig überlegte sie, wie sie das Buch wieder in das Zimmer ihrer Brüder schmuggeln könnte.

Doch zu spät, da kam auch schon Gerd herein: „Na, Schwesterchen. Ich habe schon bemerkt, dass du mein neues Buch geklaut hast. Tja, selbst schuld, du kannst heute Nacht bestimmt nicht schlafen, weil es viel zu spannend für dich ist!“

Renate hatte keine Zeit, etwas zu entgegnen, da ihr Papa in der Tür erschien, um die Geschwister zum Abendessen zu rufen.

Er wuschelte Gerd durch die Haare, blinzelte seiner Tochter zu und sagte: „Gerd, sei nicht immer so gemein zu deiner Schwester. Nur weil dir Karl May den Schlaf raubt, muss es Renate nicht auch so gehen.“

Papa war einfach der Beste!

Gerds Gesicht verdüsterte sich und während des Abendessens sagte er kein Wort mehr. Er starrte nur finster auf seinen Teller.

Nachdem alle Butterbrote verdrückt waren und Renate ihrer Mutter noch beim Abwasch geholfen hatte, ging sie schnell wieder in ihr Zimmer.

Sie nahm den „Schatz im Silbersee" wieder in die Hand und tauchte erneut in den Wilden Westen ein. Sie machte Bekanntschaft mit Winnetou und Old Shatterhand und war ganz begeistert von den beiden.

Es kam ihr vor, als seien nur Minuten vergangen, als sich plötzlich ihre Mutter auf die Bettkante setzte, um ihr eine gute Nacht zu wünschen.

„Ich bin aber doch noch gar nicht müde!" setzte Renate an, aber da merkte sie auch schon, wie schwer ihre Augen bereits waren.

„Morgen ist auch noch ein Tag. Deine Indianer reiten schon nicht weg."

Sie gab ihrer Tochter einen Kuss auf die Stirn und löschte das Licht. Renate schlief fast augenblicklich ein und merkte nicht, wie ihre Mutter den „Schatz im Silbersee" mitnahm.

Denn ihre Mutter hatte auch noch ein paar Kapitel vor sich und den ganzen Tag schon darauf gewartet, endlich weiterlesen zu können.

Lassen Sie erzählen:

* Haben Sie damals gerne gelesen?
* Was sind Ihre Lieblingsbücher?
* Hatten Sie einen Lieblingsplatz zum Lesen?
* Haben Sie gerne Karl May gelesen und kennen den „Schatz im Silbersee"?
* Haben Sie den „Schatz im Silbersee" mit Pierre Brice und Lex Barker damals im Kino gesehen? Wie hat Ihnen der Film gefallen?

Was Sie noch tun können:

Sammeln Sie reihum Begriffe rund ums Thema „Wilder Westen", wie z. B.: Cowboy, Indianer, Lasso ...

Kleider machen Leute

„Hast du es auch schon gehört?"

Heike hatte gerade erst das Büro betreten, als ihre Kollegin Anna sie schon aufgeregt bestürmte.

„Herr Schneidkamper hat uns alle zu sich nach Hause eingeladen. Er und seine Frau richten ein Sommerfest aus und dazu dürfen auch alle Kollegen kommen! Ist das nicht wunderbar?"

Herr Schneidkamper war der Chef der Anwaltskanzlei, in der Heike und Anna als Sekretärinnen arbeiteten.

„Was soll ich nur anziehen? Ich muss am Wochenende erst mal einkaufen gehen. Eine Straße weiter hat so eine nette neue Boutique eröffnet. Da finde ich bestimmt ein hübsches Kleid."

Anna fing an, verzückt von den tollen, neuen Kleidern zu schwärmen, die die Frauen in diesem Jahr in Paris trugen. So bemerkte sie gar nicht den verzweifelten Gesichtsausdruck von Heike.

‚Ein Sommerfest mit diesen ganzen weltgewandten Leuten, die hier in der Kanzlei arbeiteten?', dachte Heike bei sich. Herr Schneidkamper schüchterte sie immer fürchterlich ein, wenn er in seinen maßgeschneiderten, schicken Anzügen durch das Büro ging. Auch die anderen Anwälte sahen immer wie aus dem Ei gepellt aus. Sicherlich waren sie alle mit bildhübschen, stilvollen Frauen verheiratet.

Heike besaß genau drei Kleider, die ihre besten Zeiten schon hinter sich hatten. Oh, sie würde sich doch bestimmt fürchterlich blamieren!

Anna hatte mittlerweile eine Modezeitschrift, die „Brigitte", aus ihrer Handtasche geangelt.

„Schau mal, Heike, wie hübsch dieses Modell hier ausschaut!"

Da klopfte es plötzlich an der Tür. Anna ließ die Zeitschrift schnell unter einem Stapel Formulare verschwinden.

Keine Sekunde zu früh, denn da stand auch schon Herr Brückner, ein Anwalt der Kanzlei, in der Tür.

„Heike, könnten Sie bitte für drei Uhr den Besprechungsraum vorbereiten? Dafür wäre ich Ihnen sehr dankbar."

Heike errötete, nickte und ignorierte Annas schelmischen Blick.

„Wunderbar, vielen Dank, Heike!", sagte Herr Brückner und verließ das Büro.

„Jaja, schon ein schmucker Mann und was für gute Umgangsformen er pflegt!", kicherte Anna.

Heike warf ihr einen strafenden Blick zu und machte sich auf den Weg, den Besprechungsraum vorzubereiten.

Abends in ihrer Wohnung bereitete sich Heike ein leichtes Abendessen zu und dachte über das anstehende Sommerfest nach. Anna hatte gut reden. Ihr Mann verdiente gut, sodass sie sich schöne Kleidung leisten konnte. Heike jedoch musste auf jeden Pfennig Acht geben. Als sie noch auf dem Hof ihrer Eltern gelebt hatte, hatte sie nie einen Gedanken an Mode verschwendet. Aber hier in der Stadt liefen so unglaublich gut gekleidete Leute durch die Straßen. Wie häufig sie Annas Garderobe schon neidisch beäugt hatte.

Im Büro sprach Anna über nichts anderes mehr als das Sommerfest. In drei Wochen sollte es so weit sein und auch alle anderen Kollegen kannten kein anderes Thema mehr. Heike hielt sich in den Gesprächen jedoch zurück.

Das Wochenende kam und Heike erledigte ihren Wocheneinkauf. Auf dem Rückweg vom Lebensmittelladen kam sie an einem Zeitschriftenstand vorbei. Ihr Blick fiel auf eine Ausgabe der „Burda".

Auf dem Titelblatt war eine Dame in einem wunderschönen Cocktailkleid abgebildet.

Heike schaute in die Zeitschrift hinein. Tatsächlich war für das tolle Kleid ein Schnittmuster beigelegt.

Das war doch die Idee! Sie würde sich einfach selber ein Kleid für das Sommerfest schneidern.

Zu Hause verstaute sie den Wocheneinkauf und ging dann mit dem Schnittmuster in ein Fachgeschäft für Stoffe und Kurzwaren.

Sofort bot eine Verkäuferin ihre Hilfe an. Dies nahm Heike sehr gerne in Anspruch. In kürzester Zeit hatte sie alles beisammen, was sie zum Schneidern benötigte.

Von nun an setzte sich Heike jeden Abend nach der Arbeit an die Nähmaschine. Zunächst nahm sie Maß. Das Schnittmuster übertrug sie mit Schneiderkreide auf den Stoff und schnitt ihn danach zu. Dann drehte sie den Stoff auf links und überprüfte zwischendurch immer wieder die Passform. Die Arbeit ging ihr erstaunlich leicht von der Hand und machte unheimlich Spaß.

Das Kleid nahm immer weiter Form an und gleichzeitig wuchs auch ihre Freude auf das Sommerfest.

Schließlich hatte sie den Halsausschnitt und die Säume genäht und das Kleid war fertig.

Der große Tag des Sommerfests war gekommen. Heike stand vor dem Spiegel und drehte sich von links nach rechts. Das Kleid sah wundervoll an ihr aus und mit einem Lächeln nahm sie ihre Handtasche.

Als Anna Heike in ihrem bezaubernden Kleid sah, wurden ihre Augen größer und größer und ihr Mund klappte auf.

„Heike! Ich bin sprachlos! An dir ist wirklich eine professionelle Schneiderin verloren gegangen. Du bist zwar eine fantastische Sekretärin, aber es ist ja schon fast Sünde, wenn du dein Talent der Welt vorenthältst! Meine Güte, gleich werden alle Augen machen!“

Und so kam es dann auch. Die Frau von Herrn Schneidkamper öffnete die Tür und führte sie in den Garten. Auf dem Rasen standen Stehtische, die mit weißen Tischdecken und Blumengestecken gedeckt waren. An den Bäumen hingen Lampions und auf niedrigen Tischen waren verschiedene kalte Platten aufgebaut. Es waren bestimmt schon über 30 Gäste eingetroffen, die in kleinen Gruppen in dem Garten standen und sich unterhielten.

Herr Schneidkamper war gerade in ein Gespräch mit dem Anwalt Herrn Brückner vertieft.

„Heike, Sie sehen ja ganz bezaubernd aus. Herr Brückner, was haben wir doch für ein Glück mit unseren Sekretärinnen."

„Herr Schneidkamper hat ganz Recht, Sie sehen wirklich sehr hübsch aus", sagte Herr Brückner. „Darf ich Ihnen etwas zu trinken holen?"

Heike errötete und bedankte sich artig. Da stellte sich die Gattin von Herrn Schneidkamper neben sie.

„Ich wollte Sie schon vorhin bei Ihrer Ankunft fragen, woher Sie denn dieses wunderschöne Kleid haben. Der Stoff ist ja ein Traum. Und es sitzt perfekt!"

Heike wurde ganz verlegen.

„Vielen Dank, Frau Schneidkamper. Ich habe das Kleid nicht in einer Boutique gekauft, sondern es selber geschneidert", antwortete Heike.

„Das ist doch nicht die Möglichkeit! Ich habe mir schon fast gedacht, dass das Kleid eine Maßanfertigung ist. Aber Sie haben es selber geschneidert? In der ganzen Stadt gibt es keinen Schneider, der so begabt ist! Da werde ich wohl mal ein Kleid bei Ihnen in Auftrag geben müssen."

Heike strahlte Frau Schneidkamper an und freute sich riesig über die freundlichen Worte.

Sie erhielt an dem Abend noch viele weitere Komplimente für ihr tolles Kleid.

Das Sprichwort stimmte eben doch: Kleider machen Leute.

Lassen Sie erzählen:

* Haben Sie damals selber geschneidert?
* Was haben Sie damals gerne getragen? Hatten Sie ein Lieblingskleidungsstück?
* Kennen Sie Modezeitschriften oder Zeitschriften mit Nähvorlagen? Haben Sie solche Zeitschriften selber gelesen?
* Es heißt „Kleider machen Leute". Stimmen Sie dem zu?

Was Sie noch tun können:

Singen Sie gemeinsam die erste Strophe des Liedes „Grün, grün, grün sind alle meine Kleider":

Grün, grün, grün sind alle meine Kleider,
grün, grün, grün ist alles, was ich hab.
Darum lieb ich alles, was so grün ist,
weil mein Schatz ein Jäger, Jäger ist.

Erinnern die Senioren auch noch weitere Strophen?

Der kleine Lokomotivführer

„Harald, du Schlafmütze. Aufstehen!“ Mutter ging zum Fenster und zog schwungvoll die Vorhänge auf. Im Nu war das Zimmer von Sonnenstrahlen durchflutet und ich versteckte mein Gesicht unter der Bettdecke.

„Aber Mama, es ist doch Samstag! Ich bin noch so müde", quengelte ich mit von der Decke gedämpfter Stimme.

„Morgenstund hat Gold im Mund und außerdem hat Papa eine Überraschung für dich."

Eine Überraschung, das hörte sich gut an.

Verschlafen krabbelte ich aus meinem Bett und rieb mir die Augen.

Ich taperte in die Küche, wo auch schon ein Kakao und ein Butterbrot auf mich warteten.

Mein Vater saß auf seinem Stuhl und blätterte in der Zeitung.

„Guten Morgen, Harald. Ich hoffe, du bist gut ausgeschlafen. Gestern auf dem Nachhauseweg von der Arbeit habe ich deinen Onkel Willi getroffen. Du weißt ja bestimmt noch, dass er Modelleisenbahnen sammelt."

Ich überlegte. Über die Erinnerung hinweg hätte ich beinahe vergessen, Vater zu antworten.

„Oh ja, ich erinnere mich an Onkel Willis Modelleisenbahnen!"

Vater lächelte und sagte: „Gestern hat mir Onkel Willi erzählt, dass er einen Tisch mit einer Bahnstrecke und einer kleinen Landschaft für seine Modelle bauen wird.

Er hat gefragt, ob wir ihm dabei helfen möchten."

„Wie toll, natürlich möchten wir das, nicht wahr, Papa?"

Aufgeregt rutschte ich auf meinem Stuhl herum.

„Na, dann zieh dich mal schnell an und wir machen uns auf den Weg."

Flugs schlang ich mein Frühstück herunter, putzte mir die Zähne und zog mich an. Vater war ganz erstaunt, wie schnell ich zum Aufbruch bereit war.

Nachdem Vater sich seine Schuhe angezogen hatte, machten wir uns auf den Weg. Als das Haus in Sichtweite kam, in dem Onkel Willi und Tante Klara wohnten, lief ich los. Ich drehte mich immer wieder ungeduldig zu Vater um.

„Ich komm ja schon!", rief er lachend.

Onkel Willi erwartete uns bereits freudig. Wir gingen in seinen Eisenbahnraum, den er liebevoll mit diesem Namen bedacht hatte.

An den Wänden standen lauter Vitrinen, in denen unzählige kleine Eisenbahnen auf Schienen aufgereiht waren. Ich stelle mich auf die Zehenspitzen, um sie besser sehen zu können. Meine Augen wurden immer größer.

Onkel Willi ging zu einer der Vitrinen und nahm eine besonders tolle Dampflok heraus.

„Diese Lok habe ich letzte Woche neu gekauft. Märklin stellt Eisenbahnen im Maßstab 1 zu 87 her. H0 nennt sich das“, erklärte er.

Ich blickte sehnsüchtig auf die Lok in Onkel Willis Hand.

„Darf ich sie einmal nehmen?“, fragte ich ihn. „Ich mache auch bestimmt nichts kaputt, versprochen!“

Onkel Willi hatte jedoch die Lok bereits wieder zurück in die Vitrine gestellt.

„Lieber nicht. Die kleinen, filigranen Teile können schnell abbrechen“, meinte er.

Enttäuscht blickte ich zu Boden. Dort lagen bereits allerlei Utensilien für die Modelleisenbahnanlage bereit.

Unterschiedliche Schienenteile waren neben künstlichem Gras, winzig kleinen Bäumen und sogar einigen Kühen zu sehen.

Onkel Willi hatte auch kleine Häuser, Höfe und einen hübschen Bahnhof bereitgestellt, die an der Bahnstrecke stehen sollten.

Und so legten wir los. Den großen Tisch stellten wir mit der längeren Seite an die Wand. Onkel Willi verlegte die Gleise, sodass die Lokomotiven in einem großen Oval fahren würden.

Dann verteilten wir das Gras und ließen einige Grünflächen entstehen.

Onkel Willi hatte aus Pappmaschee einen Tunnel gebastelt, den er nun über den Schienen positionierte. Auch den Tunnel bedeckten wir mit Gras.

Nun kamen die Bäume dran. In der Mitte des Tisches ließen wir einen kleinen Wald entstehen und säumten auch einige Abschnitte der Bahnstrecke mit Bäumen.

So langsam konnte schon eine richtige Landschaft erahnt werden.

Wir waren gerade dabei, die Kühe zu verteilen und in kleinen Herden versammelt aufzubauen, als es an der Tür klopfte.

Tante Klara kam mit einem Tablett voller Schnittchen und selbst gemachter Limonade herein.

„Eine kleine Stärkung für euch Eisenbahner“, sagte sie lächelnd und blickte bewundernd auf die Spielanlage.

„Das schaut ja schon richtig nach was aus!“, bemerkte sie mit einem anerkennenden Kopfnicken.

Wir setzten uns auf den Boden und verspeisten die Schnittchen.

Nun konnte es mit neuer Energie weitergehen. Wir verteilten die Häuser und Höfe auf der Anlage und sogar ein paar nur wenige Zentimeter große Menschen.

Jetzt kam der Bahnhof. Wie realistisch das Gebäude aussah! Es erinnerte mich an den Bahnhof in der Stadt, in dem Papa und ich früher immer die ein- und ausfahrenden Züge beobachtet hatten.

Onkel Willi klatschte zufrieden in die Hände und wir gingen ein paar Schritte zurück, um unser Werk zu betrachten. Eine richtige kleine Landschaft war entstanden und zufrieden schauten wir uns an.

„Jetzt fehlt nur noch das Bedienpult", sagte Onkel Willi und machte sich an einem kleinen Kasten zu schaffen, den er in einer Ecke montiert hatte.

„Dann wollen wir doch mal schauen, ob es funktioniert!"

Er ging zur Vitrine und holte die kleine Dampflokomotive heraus.

Gespannt beobachtete ich, wie er zur Modellanlage zurückkam. Er zögerte kurz und sah mich dann mit verschmitztem Gesichtsausdruck an: „Harald, du hast heute so toll mitgeholfen, da gebührt dir die Ehre, die Lok auf die Schienen zu setzen und sie fahren zu lassen."

Ich konnte es kaum glauben und nahm die Lok ganz vorsichtig entgegen. Mit offen stehendem Mund setzte ich sie ehrfürchtig auf die Schienen.

Dann drehte ich, wie Onkel Willi es mir zeigte, den Knopf auf dem Trafo. Da fuhr die kleine Lok auch schon los.

Papa legte mir eine Hand auf die Schulter, während ich die Lok mal schneller und mal wieder langsamer fahren ließ.

Von nun an besuchte ich Onkel Willi und seine Modelleisenbahn jedes Wochenende.

Lassen Sie erzählen:

* Haben Sie oder jemand aus Ihrer Bekanntschaft eine Modelleisenbahn besessen?
* Haben Sie einmal eine Modelleisenbahn auf einer Spielanlage fahren sehen? Oder sie sogar selbst bedient?
* Welche verschiedenen Hersteller von Modelleisenbahnen kennen Sie? (Märklin, Fleischmann, Arnold)
* Wohin ging Ihre weiteste Bahnreise?
* Was war als Kind Ihr liebstes Spielzeug?

Was Sie noch tun können:

Sammeln Sie gemeinsam Sprichwörter und Redewendungen rund ums Thema „Bahn“:

* Es ist allerhöchste Eisenbahn.
* Bahn frei!
* Jemand versteht nur Bahnhof.
* Jemanden auf die richtige Bahn bringen
* Die Weichen (für etwas) stellen

Ab ins kühle Nass

Ungeduldig schaute Brigitte auf die große Wanduhr, die über der Tür des Klassenzimmers hing. Es war ein heißer Sommertag und die Zeit wollte einfach nicht verstreichen.

Die Lehrerin schrieb gerade einige Aufgaben an die Tafel. Brigitte schaute ihre Klassenkameraden an, die ebenfalls ungeduldig das Ende der Schulstunde herbeisehnten.

„Kinder, mir ist genau so heiß wie euch, aber schenkt mir bitte noch ein wenig eurer Aufmerksamkeit!"

Die Lehrerin blickte strafend in die Runde, doch dann lächelte sie.

„Ach, wisst ihr was? Wir machen heute etwas früher Schluss. Packt eure Sachen ein und dann ab in die Sonne!"

Die Klasse jubelte. In null Komma nichts waren die Schulbücher eingepackt und die Schüler stürmten aus der Schule.

„Anna, Wilhelmine! Kommt ihr nachher mit zum See? Heute ist der perfekte Tag zum Schwimmen!", rief Brigitte ihren Freundinnen zu.

Anna und Wilhelmine waren von der Idee hellauf begeistert. So verabredeten sich die Mädchen für den Nachmittag, um im See schwimmen zu gehen.

Um drei Uhr verließ Brigitte das Haus. Ihre Mutter hatte ihr ein großes Handtuch eingepackt. Ihren Badeanzug trug sie schon unter ihrem Sommerkleid.

„Brigitte! Gehst du auch zum See?", tönte es hinter ihr.

Brigitte drehte sich um und sah Manfred angelaufen kommen. Manfred wohnte ein paar Häuser weiter und ging mit ihr in die gleiche Klasse.

„Ja, Anna und Wilhelmine kommen auch. Das wird ganz fantastisch", freute sich Brigitte.

So gingen die beiden gemeinsam den kurzen Weg zum See hinunter. Als sie dort ankamen, warteten Anna und die Freunde von Manfred schon auf sie.

„Wilhelmine verspätet sich mal wieder. Bestimmt muss sie noch den richtigen Badeanzug auswählen", lachte Anna.

Die Kinder breiteten ihre Handtücher auf der Wiese am Ufer des Sees aus. Sobald sie ihre Kleider abgelegt hatten, stürmten sie in das kühle Nass. Jauchzend sprangen sie im Wasser herum und bespritzten sich gegenseitig.

Da erschien auch endlich Wilhelmine am Ufer. Schnell stellte sie den großen Korb ab, den sie über dem Arm trug, und rannte zu den anderen in den See.

„Wie herrlich das ist", lachte sie und tauchte ihren Kopf unter Wasser.

Zusammen schwammen sie im See herum. Manfred lief zurück zu den Handtüchern und holte einen großen, aufblasbaren Wasserball hervor.

Die Kinder warfen sich den Wasserball zu und erfanden die schönsten Spiele. Der See wurde zu einem aufgewühlten Meer erklärt und der Ball das rettende Schiff, das sich die Kinder gegenseitig abjagen mussten.

Die Jungs wurden immer wilder und fingen an, sich gegenseitig unterzutauchen. Manfred wollte sich schon auf Brigitte stürzen, um auch sie unter Wasser zu drücken. Aber Brigitte war eine bessere Schwimmerin als er und konnte sich schnell ans rettende Ufer flüchten.

Lachend ließ sich Brigitte auf ihr Handtuch fallen und genoss die Sonnenstrahlen auf ihrer nassen Haut.

Nach und nach legten sich auch die anderen erschöpft auf ihre Handtücher. Da öffnete Wilhelmine den großen Korb, den sie mitgebracht hatte.

„Meine Mutter hat mir ganz viele Butterbrote für uns alle mitgegeben und sogar zwei Flaschen mit frischer Limonade!“, strahlte sie ihre Freunde an.

„Deine Mutter ist die Beste!“ riefen Brigitte und Anna gleichzeitig.

Hungrig stürzten sich die Kinder auf die Butterbrote und die frische Limonade. Nach kurzer Zeit war auch der letzte Krümel vertilgt und der letzte Schluck getrunken. Gesättigt und glücklich lagen sie alle in der Sonne.

Schließlich zauberte Manfred ein Kartenspiel aus seiner Tasche und sie spielten ein paar Runden Mau-Mau miteinander. Nachdem Anna das dritte Mal in Folge gewonnen hatte, gaben die Jungen frustriert auf.

Mit neuer Energie überlegten sie sich das nächste Spiel. Am Uferrand stand eine große Eiche, deren Äste bis über das Wasser reichten. Die Eiche war nun eine Burg und die Jungen ernannten sich zu Rittern. Sie kletterten auf den Baum und versuchten, sich gegenseitig ins Wasser zu schubsen.

„Aber das ist doch gefährlich!", rief Wilhelmine aufgeregt.

Doch die Jungen hatten so viel Spaß dabei, mit großem Platschen in den See zu fallen, dass sich Wilhelmine schnell beruhigte.

Doch da stürzten sich die Jungen plötzlich auf die drei Mädchen, um auch sie ins Wasser zu werfen.

Kreischend sprangen die drei auf. Anna und Wilhelmine liefen in den See, doch Brigitte rannte zu der Eiche und kletterte auf einen besonders hohen Ast.

„Also, was ihr könnt, das kann ich schon lange!"

Und mit einem freudigen Aufschrei sprang sie in den See.

Als sie wieder auftauchte, strahlte sie über das ganze Gesicht. Was für einen Spaß das gemacht hatte!

Als es langsam anfing, zu dämmern, packten die Kinder ihre Handtücher in ihre Taschen und verließen den See.

Müde und glücklich machten sie sich auf den Heimweg. Manfred und Brigitte verabschiedeten sich an der Landstraße von ihren Freunden und gingen zusammen weiter.

„Was für ein toller Tag, das machen wir bald wieder“, sagte Manfred.

„Auf jeden Fall! Gute Nacht und bis morgen“, rief Brigitte und winkte zum Abschied.

Ihre Mutter wartete schon und hörte aufmerksam Brigittes lebhaftem Bericht des Tages zu. Ihren Sprung von der großen Eiche verschwieg Brigitte aber. Das hätte ihrer Mutter nämlich gar nicht gefallen.

Noch während sie erzählte, wurden ihre Augen immer schwerer. Lächelnd brachte ihre Mutter sie ins Bett.

Hundemüde, aber sehr glücklich, schlief sie sofort ein und träumte von Rittern auf Schiffen, die durch das wilde Meer schipperten.

Lassen Sie erzählen:

* Sind Sie früher gerne schwimmen gegangen?
* Wo sind Sie schwimmen gegangen? Hatten Sie ein Freibad in der Nähe oder vielleicht einen See?
* Welche Spiele haben Sie im Wasser mit Ihren Freunden gespielt?
* Erinnern Sie sich an ein besonders schönes Erlebnis im Schwimmbad?
* Welche anderen Freizeitaktivitäten haben Sie gern mit Ihren Freunden unternommen?

Was Sie noch tun können:

Bringen Sie einen Wasserball mit und lassen Sie die Senioren sich den Ball zuwerfen. Schwieriger wird es, wenn bei jedem Wurf ein Begriff rund ums Thema „Ausflug an den See" genannt werden soll, wie z. B. Sonnencreme, Badeanzug, Picknickkorb ...

Das Osterkonzert

Christel ging die staubige Straße entlang und genoss das Kitzeln der Sonnenstrahlen auf ihrer Haut.

Es war kurz vor Ostern und das Wetter war bereits wunderbar warm.

Sie war auf dem Weg zur kleinen Dorfkirche, in der sich jede Woche der Chor traf.

Heute war der erste Tag, an dem sie an der Probe teilnahm, und sie war schon ganz nervös. Sie liebte es, zu singen, hatte bisher jedoch noch nie vor fremden Menschen gesungen.

Ihre Schwester hatte sie ermutigt, es doch mal zu versuchen.

„Du hast so eine tolle Stimme, Christel! Es wäre Sünde, niemanden daran teilhaben zu lassen."

Und so hatte sie sich auf den Weg gemacht.

Ein plötzliches Klingeln ließ sie zur Seite springen.

„Aus dem Weg! Vorsicht!"

Eine junge Frau auf einem glänzenden, grünen Fahrrad brauste an ihr vorbei und ließ Christel in einer Staubwolke hinter sich.

Christel musste niesen und ärgerte sich über die Rücksichtslosigkeit der Frau. So eine Frechheit aber auch!

Ein paar Minuten später sah sie den Kirchturm vor sich auftauchen und die Aufregung kehrte zurück.

Christel schritt auf den Eingang zu und sah auch schon das grüne Fahrrad an einem Baum lehnen. Oh nein, war die Frau etwa auch im Chor?

Kaum hatte Christel die Kirche betreten, hörte sie auch schon aufgeregtes Getuschel.

Sie ging langsam auf die Gruppe der Frauen zu und wurde direkt von der Seite angesprochen: „Noch ein neues Gesicht! Ich bin Frau Linke und leite den Chor."

Frau Linke reichte Christel die Hand und sie stellte sich schüchtern vor.

„Aber, aber. Nicht so zurückhaltend", sagte sie grinsend, schob Christel zu den anderen Frauen und stellte eine nach der anderen vor.

„Und das ist Brigitte. Brigitte ist heute auch zum ersten Mal dabei. Da bekommen wir ja ganz frischen Wind in unsere kleine Runde!"

Die Frau auf dem Fahrrad hieß also Brigitte. Sie schäkerte gerade mit ein paar der Damen und warf ihr langes braunes Haar über die Schultern.

„Es tut mir ja so leid, dass ich dich gerade fast umgefahren hätte. Das Fahrrad ist ganz neu und ich sitze noch nicht so sicher im Sattel", entschuldigte sie sich mit einem bestechenden Lächeln.

Sie war wirklich sehr hübsch und wirkte äußerst weltgewandt.

„Ich bin gerade erst hier ins Dorf gezogen. Mein Mann ist Lehrer in der Dorfschule und hat mich aus der Stadt hergeholt. Jetzt muss ich doch mal schauen, was das Landleben zu bieten hat. Dem Kirchenchor konnte ich dabei nicht widerstehen."

Sie lachte und zeigte ihre weißen Zähne. Alle hingen an ihren Lippen. Christel war ganz froh darüber, dass sie so kaum Aufmerksamkeit erregte.

Frau Linke klatschte in die Hände und es kam Ruhe in die Runde.

„So, meine Damen, dann wollen wir unsere Stimmen mal aufwärmen."

Sie fingen an, die Tonleiter rauf und runter zu singen. Christels Scheu löste sich auf und sie sang laut mit.

Frau Linke schaute sie interessiert an.

„Was für eine wundervolle Sopranstimme du hast! Ich denke, bei unserem Osterkonzert in zwei Wochen werde ich dich ein Solo singen lassen."

Christel wurde ganz blass und wollte schon Einwand erheben, aber da fing auch schon der Organist an, das erste Lied auf der Orgel anzustimmen.

Sie probten die Lieder, die bei der Aufführung gesungen werden sollten.

Eine Stunde später wünschte Frau Linke allen eine schöne Woche und nahm Christel und Brigitte zur Seite.

„Toll, dass ihr dabei seid. Die Gesangbücher mit den markierten Liedern, die wir singen werden, könnt ihr natürlich gerne mitnehmen."

Wieder draußen vor der Kirche merkte Christel, dass es kühler geworden war, und sie zog ihre Strickjacke fester um ihre Schultern.

„Oh, warte. Ich habe noch ein warmes Tuch in meinem Fahrradkorb. Nicht, dass du krank wirst und keine Stimme mehr hast", flötete Brigitte und ging leichten Schrittes zu ihrem Fahrrad.

Christel bedankte sich und wollte schon losgehen. Doch Brigitte schob ihr Fahrrad schnell neben sich her und holte Christel ein.

„Es tut mir wirklich sehr leid, dass ich vorhin so rücksichtslos gefahren bin."

„Ist ja nichts passiert", sagte Christel und lächelte.

„Da fällt mir ein Stein vom Herzen! Du hast wirklich eine ganz tolle Stimme. Hast du vorher schon mal gesungen? Ich habe damals im Schulchor gesungen, danach aber nie wieder. Frau Linke ist ja wirklich klasse. Wobei sie mit ihrem hohen Dutt wie eine strenge Oberlehrerin aussieht."

Und so plapperte Brigitte den ganzen Weg zurück ins Dorf. Tatsächlich amüsierten sie sich köstlich. Brigitte erzählte einige Anekdoten aus der Stadt und was für einen Unterschied es ausmachte, auf dem Land zu leben.

„Die Luft ist so viel besser! Das wird meinem Teint so gut tun. Du hast auch so eine frische Gesichtsfarbe!"

Wieder zu Hause fühlte sich Christel richtig gut.

In den nächsten zwei Wochen sahen sich Christel und Brigitte fast täglich, sangen gemeinsam und erzählten sich den neuesten Tratsch.

Schließlich kam Ostern und damit auch der Tag des Konzerts. Die Kirche war bis auf den letzten Platz gefüllt und mit hübschen Frühlingsblumen geschmückt. Christel war sehr nervös, aber Brigitte machte ihr Mut: „Du wirst uns alle an die Wand singen, Schätzchen!"

Und tatsächlich war die Aufführung ein voller Erfolg. Frau Linke war sichtlich stolz auf ihren Chor. Christel konnte sich vor Lob kaum retten und musste so einige Hände schütteln.

„Ich hab es dir doch gesagt", raunte ihr Brigitte zu.

Christel strahlte. Nicht nur, dass sie Teil eines großartigen Chors war, sie hatte auch eine Freundin fürs Leben gefunden.

Lassen Sie erzählen:

* Haben Sie damals in einem Chor gesungen?
* Welche Lieder haben Sie gerne gesungen?
* Erinnern Sie sich an einen Auftritt, bei dem Sie vorher besonders aufgeregt waren?
* Wie regelmäßig sind Sie früher in die Kirche gegangen?

Was Sie noch tun können:

Fragen Sie die Senioren, welche Kirchenlieder Sie kennen. Bekannte Kirchenlieder sind u. a.:

* Großer Gott, wir loben dich
* Lobe den Herren
* Wer nur den lieben Gott lässt walten
* Nun jauchzt dem Herren, alle Welt
* Nun danket alle Gott
* Ein Haus voll Glorie schauet

Vielleicht möchte jemand ein Lied anstimmen?

Ein waschechter Männerabend

S treitet euch heute Abend aber nicht schon wieder! Und trinkt nicht so viel!“

Uwes Frau stand an der Garderobe und zog sich ihre Jacke über. Sie war auf dem Weg zu ihrer Nachbarin, die zu einem Doppelkopf-Abend eingeladen hatte.

Im Gegenzug würden heute Abend die Freunde von Uwe rüberkommen. Der monatliche Skatabend stand an. Dieser war seit Jahren fester Bestandteil des Monats. Dabei konnte es wirklich laut zugehen. Uwes Frau hatte da schon Recht.

Als seine Frau die Wohnung verlassen hatte, bereitete Uwe den Tisch in der Küche für die Spielrunde vor.

Das Bier war bereits kalt gestellt. Auf der Anrichte hatte seine Frau ein kleines kaltes Büffett aufgebaut. Es gab Nudelsalat mit Minifrikadellen, mit Spargel gefüllte Schinkenröllchen und einen Käseigel.

Uwe legte die Karten bereit. Er ließ sie aber noch in der Verpackung. Sonst würde Wolfgang nur wieder behaupten, Uwe hätte die Karten gezinkt. Für solche Scherze war Wolfgang in der Skatrunde bestens bekannt.

Um kurz vor sieben Uhr läutete es an der Tür. Das konnte nur Frank sein. Frank war jedes Mal überpünktlich. Ganz im Gegensatz zu Reinhard, der wieder mindestens eine halbe Stunde zu spät kommen würde.

Uwe öffnete die Tür und wie erwartet stand Frank vor ihm.

„Na, Uwe, altes Haus! Alles gut bei dir?"

„Aber natürlich! Komm rein, Frank."

Sie gingen in die Küche und kaum, dass sie sich hingesetzt hatten, klingelte es erneut an der Tür.

„Uwe, du alter Betrüger!"

Wolfgang klopfte Uwe auf die Schulter und trat ein.

„Bis Reinhard endlich kommt, können wir ja ruhig schon mal ein Bier trinken, was meint ihr?"

Uwes Vorschlag wurde mit zustimmendem Nicken aufgenommen. Er ging auf den Balkon und nahm drei Flaschen Bier aus dem Kasten.

Frank und Wolfgang hatten sich bereits am kalten Büffett bedient. Uwe öffnete die Bierflaschen und die drei Männer stießen auf einen amüsanten Abend an.

Nach einer halben Stunde klingelte es erneut an der Tür.

„Da ist er ja endlich!"

Uwe öffnete die Tür und musste grinsen, als Reinhard seelenruhig die Treppe hochgeschlurft kam.

„Uwe! Bereit, heute Abend zu verlieren?"

„Das könnte dir so passen. Komm rein, du bist schon wieder viel zu spät!"

„Es heißt doch so schön: Die Letzten werden die Ersten sein!"

Uwe und Reinhard gingen scherzend in die Küche.

Nachdem Reinhard mit einem Bier versorgt war und die drei anderen jeweils ihr zweites Bier vor sich stehen hatten, ging es endlich los.

Als Erstes war Uwe der Geber. Da sie zu viert spielten, setzte er in diesem Spiel aus.

Er mischte die Karten und ließ sie von Frank, der rechts neben ihm saß, abheben. Dann begann er, die Karten im Uhrzeigersinn auszuteilen. Jeder der drei bekam zehn Karten. Die zwei übrigen Karten legte er verdeckt in die Mitte des Tischs.

Nun ging es ans Reizen. Wolfgang passte als Erster und dann musste auch Frank passen. Somit war Reinhard Alleinspieler und musste nun gegen Wolfgang und Frank als Gegenpartei spielen.

Der zweite Teil des Spiels ging los. Reinhard durfte das Spiel bestimmen.

„Pik ist Trumpf."

Frank stöhnte auf. Reinhard machte einen Stich nach dem anderen. Am Ende des Spiels hatte Reinhard sieben von zehn Stichen gemacht. Nach dem Auszählen der Punkte stand fest, dass er das Spiel haushoch gewonnen hatte. Jubelnd hob Reinhard die Arme und nickte seinen Freunden triumphierend zu.

Beim nächsten Spiel spielte nun Uwe mit und Wolfgang übernahm die Rolle des Gebers.

Schon wieder konnte Reinhard beim Reizen das Spiel bekommen. Dieses Mal spielten sie Grand.

Uwe und Frank machten sechs Stiche und trotzdem hatte Reinhard mehr Punkte.

Sie spielten insgesamt sechs Runden, bis sich Wolfgang entnervt weigerte, erneut Karten auszugeben.

„Ich brauche eine Pause. Wenn Reinhard noch ein Spiel mehr gewinnt, raste ich aus!“

„Wolfi! Ist doch nur ein Spiel.“

Reinhard lehnte sich mit einem herausfordernden Grinsen in seinem Stuhl zurück. Gegen eine Pause hatte aber auch er nichts einzuwenden.

Uwe holte neues Bier vom Balkon und brachte dabei gleich die Flasche Korn mit. Die vier Männer bedienten sich am kalten Büffett, tranken eine Runde Korn und steckten sich Zigaretten an.

Dann waren sie bereit für die Fortsetzung des Spiels.

„Verdammt noch mal, Reinhard, du schummelst doch!“

„Nix da, das ist Können!“, verteidigte sich Reinhard und hob sein Schnapsglas.

Uwe hatte mittlerweile die Schnapsgläser ein drittes

Mal mit Korn aufgefüllt. Die Luft in der Küche war zum Schneiden, so verraucht war es. Und die Stimmung wurde immer ausgelassener.

Noch eine Runde, dann würde der Gewinner des Abends feststehen.

„Ha! Ich hab es doch gesagt! Die Letzten werden die Ersten sein."

Reinhard jubelte, als der Punktestand ausgerechnet worden war. Er hatte haushoch gewonnen.

Die vier saßen noch ein wenig zusammen, tranken das Bier aus und rauchten. Dann machten sich Reinhard, Wolfgang und Frank auf den Nachhauseweg. Es war schon nach Mitternacht. Schon bald würde auch Uwes Frau nach Hause kommen.

Schnell räumte er die Bierflaschen weg, leerte den Aschenbecher und lüftete die Wohnung.

Da hörte er den Schlüssel an der Wohnungstür. Seine Frau kam in die Küche.

„Du hast ja schon aufgeräumt. Hattet ihr einen schönen Abend?"

„Den hatten wir. Es war ein waschechter Männerabend", sagte Uwe und schlief prompt auf dem Sofa ein.

Lassen Sie erzählen:

* Können Sie Skat spielen?
* Haben Sie früher mit Bekannten Skat oder andere Spiele gespielt? Welche Erinnerungen haben Sie an diese Spieletreffen?
* Welche anderen Kartenspiele kennen Sie? (z. B. Mau-Mau, Rommé, Schwimmen, Doppelkopf)
* Spielen Sie gerne in größerer Runde? Was spielen Sie dann am liebsten?

Was Sie noch tun können:

Zeigen Sie den Senioren ein Skatblatt und lassen Sie sich die Bezeichnung einzelner Karten erklären.

Schneller, höher, stärker

Peter platzierte seine Hände rechts und links neben seinen Füßen. Voller Konzentration wartete er auf das Startsignal seines Leichtathletiktrainers, den er von klein auf kannte.

„Auf die Plätze – fertig – los!"

Er lief los und rannte so schnell es ging. Mit dem Wind in seinem Gesicht und dem Gefühl, schwerelos zu sein, lief er über die Zielmarkierung.

„Sehr gut, Peter. Du hast fast deine Bestzeit erreicht."

Peter holte noch einmal tief Luft und dehnte dann seine Waden. Der 100-Meter-Sprint war seine liebste Disziplin und es gab ihm immer wieder ein Hochgefühl, sich dabei zu verausgaben. Schon seit der ersten Klasse ging er jede Woche 2-mal zur Leichtathletik.

Peters bester Freund Michael kam zu ihm. Peter hatte Michael im Sportverein kennengelernt und ging mit ihm durch dick und dünn.

„Puh, bis zum Wettkampf in drei Wochen muss ich aber noch ordentlich trainieren. Treffen wir uns am Wochenende und laufen ein paar Runden?", fragte Michael.

„Gern, bis zum Wettkampf müssen wir in Bestform sein!", stimmte Peter ein.

„Peter, Michael, genug geschnackt! Wir gehen rüber zur Sprunggrube", ermahnte sie der Trainer.

Die beiden liefen hinter ihm her. Nun stand der Weitsprung an.

Peter nahm Anlauf, bereitete sich auf den Absprung vor und stieß sich vom Boden ab. Er achtete darauf, sich im Flug mit den Armen und Füßen weit nach vorn zu lehnen, und landete schließlich im Sand.

Er blickte zu seinem Trainer und wartete auf dessen Bewertung.

„Die Sprungphase sah gut aus, Peter, aber das Messen der Weite können wir uns sparen. Du bist übergetreten. Zwei Versuche noch."

Peter stöhnte. Solche Fehler passierten ihm doch sonst nicht. Der anstehende Wettkampf machte ihn wohl doch nervöser, als er sich eingestehen wollte.

Der nächste Versuch gelang ihm dann. Mit guten fünf Metern war er sehr zufrieden.

Nachdem auch die anderen Jungen gesprungen waren, erklang die Pfeife des Trainers.

„Genug für heute, wir sehen uns am Donnerstag wieder. Und immer schön in Bewegung bleiben, Jungs!"

In der Umkleide zog Peter sich um, warf die Sportsachen in seine Tasche und machte sich auf den Weg nach Hause.

Auf dem Heimweg begegnete er Inge. Inge ging mit ihm zur Schule. Sie trug ihre Reiterstiefel und hatte ihren Reiterhelm und eine Gerte unter den Arm geklemmt.

„Hallo, Peter, warst du gerade beim Sport?"

Peter hielt seine Sporttasche als Antwort hoch.

„Hallo, Inge, ja, genau. Und ich vermute, du hast bis gerade auf einem Pferd gesessen."

Inge kicherte.

„Du Schlaumeier. Ich hab gehört, dass ihr in drei Wochen einen Wettkampf im Stadion habt. Da schau ich doch mal vorbei und finde heraus, ob du nicht nur so sportlich tust."

Mit diesen Worten bog sie in ihre Straße ab. Warum musste dieses Mädchen ihn nur dauernd so necken? Und warum wurde er jetzt wegen des Wettkampfes noch nervöser?

Am nächsten Tag schlang er sein Frühstück herunter, überbrückte irgendwie die Schulstunden und traf sich nach den Hausaufgaben mit Michael, um mit ihm für den Wettkampf zu trainieren.

Nach ein paar Runden um den Sportplatz erzählte Peter seinem Freund von seiner Begegnung mit Inge.

Michael grinste, enthielt sich eines Kommentares und legte noch einen Zahn zu.

„Nun komm, du Casanova, in diesem Schneckentempo kannst du niemanden beeindrucken!"

Es wurde bereits dunkel, als die beiden Jungen den Sportplatz verließen.

Die nächsten Tage trainierte Peter jeden Tag, ob nun mit seinem Sportverein, mit Michael oder allein. Er hatte seine Mutter gebeten, nicht allzu deftig zu kochen, damit ihm das Essen nicht zu schwer im Magen lag. Sie hatte zwar die Augen verdreht, freute sich aber, dass Peter sich so diszipliniert vorbereitete. Er musste ihr nur versprechen, seine Schulaufgaben nicht zu vernachlässigen.

Der Tag des Wettkampfes brach an. Peter hatte die Nacht zuvor kaum einschlafen können und doch fühlte er sich erholt. Beste Voraussetzungen für einen erfolgreichen Tag.

Er kam beim Sportplatz an und sah auch schon Michael am Eingang zu den Umkleidekabinen stehen. Doch Michael trug seine normale Kleidung und hatte keinen Sportbeutel dabei. Da bemerkte Peter, dass sein Freund einen Verband um seinen Knöchel trug.

„Michael! Oh nein, was ist passiert?“

Michael zwang sich zu einem Lächeln.

„Ich wollte gestern noch den Weitsprung üben und bin umgeknickt. Der Arzt sagte, es sei nichts Schlimmes. Ich muss das Bein aber für mindestens zwei Wochen schonen. Ich könnte mir in den Hintern treten! Dafür werde ich dich aber von der Tribüne aus umso mehr anfeuern.“

Peter klopfte seinem Freund auf die Schulter. Michael tat ihm fürchterlich leid. Er rechnete es ihm hoch an, dass er trotzdem zu dem Wettkampf gekommen war, um ihn anzufeuern. Das war echter Sportsgeist.

In der Umkleide zog Peter seine Sportschuhe an. Die anderen Teilnehmer des Wettkampfs standen schon auf dem Sportplatz. Sie wurden in Gruppen aufgeteilt und der Wettbewerb fing an. Als erste Disziplin beim Dreikampf mussten sie die 100 Meter laufen.

Peter und seine Konkurrenten brachten sich in die Startposition. Peter verbannte alle Gedanken aus seinem Kopf und konzentrierte sich voll auf den Sprint. Und auf „Los!" ging es los. Peter lief, wie er noch nie zuvor gelaufen war, und kam als Erster durchs Ziel. Von der Tribüne war lauter Jubel zu hören. Peter warf einen Blick hinüber, konnte aber Michael – oder Inge – nicht erspähen.

„Nicht ablenken lassen", sagte er zu sich selbst.

Nun ging es zum Weitsprung. Plötzlich merkte Peter seine Nervosität. Er atmete tief durch. Als er an der Reihe war, ging sein Atem wieder ganz ruhig. Erster Versuch. Er sprang und landete im Sand. Doch er war übergetreten. Peter ärgerte sich und ging zurück. Zweiter Versuch. Erneut übergetreten. Doch Peter brach nicht in Panik aus. Dritter Versuch. Geschafft! Mit einem sehr ordentlichen Sprung konnte er nun zur dritten

Disziplin antreten. Das Werfen hatte ihm immer gelegen und hier konnte er ein äußerst gutes Ergebnis abliefern. Jetzt hieß es abwarten bis zur Siegerehrung.

Es kam ihm vor, als seien Stunden vergangen, da wurde das Ergebnis endlich verkündet.

„Und auf dem dritten Platz: Peter Weidmann!"

Tosender Applaus von der Tribüne. Peter konnte es nicht glauben; er hatte es tatsächlich auf einen der ersten drei Plätze geschafft. Ihm wurde eine bronzene Medaille umgehängt und mit leuchtenden Augen ging er in Richtung Tribüne. Sein Trainer kam ihm entgegen und klopfte ihm anerkennend auf die Schulter. Michael humpelte auf ihn zu und beglückwünschte ihn mit einem strahlenden Lächeln.

„Dritter Platz. Ist ja gar nicht mal so schlecht", erklang eine Stimme hinter Peter.

„Ach ja, dabei sein ist alles!", entgegnete Peter überrumpelt.

„Nun mal keine falsche Bescheidenheit. Das war echt spitze."

Inge grinste und gab Peter ein Küsschen auf die Wange. Das war fast noch besser als die Medaille.

Lassen Sie erzählen:

* Waren Sie Mitglied in einem Sportverein?
* Welchen Sport haben Sie ausgeübt?
* Haben Sie einmal an einem Wettkampf teilgenommen?
* Gibt es eine Sportart, von der Sie immer geträumt haben, sie auszuüben?

Was Sie noch tun können:

Gehen Sie mit den Senioren in den Dreikampf! Rufen Sie nacheinander eine Disziplin in den Sitzkreis und machen Sie die entsprechende Bewegung vor, die die Senioren nachahmen.

* Kurzstreckenlauf: mit beiden Beinen abwechselnd kleine, schnelle Schritte machen
* Weitsprung: beide Knie weit hochziehen und wieder absetzen
* Ballwurf: mit einem Arm weit ausholen und eine Wurfbewegung machen

Let's twist again

„Aufstellung nehmen, Herrschaften! Die Herren fordern die Damen auf. Und los!"

Hans schaute nach links zu seinem besten Freund Bernd. Dies war ihre zweite Tanzstunde, zu der sie ihre Eltern gezwungen hatten.

Bernd verdrehte die Augen und grinste Hans an. Sie hatten sich schon letzte Woche über die Tanzlehrerin

Frau Tuschmann amüsiert. Die strenge Tanzlehrerin war sämtlichen Oberschülern bekannt, da sie schon reihenweise Jungen und Mädchen die Lust aufs Tanzen verdorben hatte.

„Wird's denn bald? Ihr werdet doch nicht schon mit einem einfachen Walzer überfordert sein. Oder seid ihr zu schüchtern? Die Jugend von heute tut doch immer so draufgängerisch."

Hans und Bernd mussten sich zusammenreißen, um nicht laut loszuprusten. Dann setzten sie sich in Bewegung.

Hans forderte das Mädchen, das ihm gegenüberstand, auf. Sie nahmen die Position für den Walzer ein und bewegten sich langsam über das Parkett. Der Duft ihrer Haare stieg ihm angenehm in die Nase.

„Achten Sie auf Ihre Haltung!"

Frau Tuschmann marschierte zwischen den sich drehenden Pärchen herum und korrigierte unnachgiebig Fehler.

Endlich war die Stunde um und Hans und Bernd flüchteten in die Freiheit.

„Ich halte es da keine weitere Stunde aus. Die Tuschmann ist ja unerträglich", jammerte Bernd.

„Ach komm, so schlimm ist es nun auch wieder nicht. Und mein Bruder sagt immer, dass ein guter Tänzer Eindruck auf Frauen macht."

„Oho, Hans. Hat dir die Kleine, mit der du gerade getanzt hast, etwa gefallen? Die war schon schnieke."

Bernd hatte den Nagel auf den Kopf getroffen.

Eine Woche später sorgte Hans dafür, dass er wieder gegenüber von der jungen Dame stand. Er schaute sie an und sie warf ihm ein bezauberndes Lächeln zu.

„Dann schauen wir mal, ob ihr euch aus der letzten Woche etwas gemerkt habt. Auffordern, bitte!", sagte die Tanzlehrerin Frau Tuschmann mit strengem Blick.

Hans kam der Aufforderung sogleich nach. Er nahm die Hand des Fräuleins und sie fingen an, zu tanzen.

„Ich bin übrigens Hilde", flüsterte Hilde in Hans' Ohr, als Frau Tuschmann gerade nicht in ihre Richtung schaute.

„Ich bin Hans. Gefällt dir der Tanzkurs?"

„Um Himmels willen, nein! Die Tuschmann ist doch wirklich grässlich. Und diesen Standardtänzen kann ich echt nicht so viel abgewinnen. Ich tanze lieber Twist."

Hans schaute sie mit großen Augen an. Hilde sah aus wie ein wohlerzogenes, braves Mädchen, aber anscheinend steckte sie voller Überraschungen.

Als Frau Tuschmann die Stunde beendete, verschwand Hilde mit ihren Freundinnen.

„Hans, was haben wir nur falsch gemacht, dass wir so was verdienen?", klagte Bernd auf dem Heimweg.

„Jaja, ist schon schlimm, aber ich brauche jetzt einen Plan. Ich muss Hilde näher kennenlernen. Ich glaube, so eine findet man nicht häufig."

Bernd grinste.

„Ich wüsste da was. Ich habe heute wieder mit einer ihrer Freundinnen getanzt. Die findet mich wohl ganz gut und hat mich zu einer Party heute Abend eingeladen. Ihre Eltern sind weg und sie hat sturmfreie Bude. Vielleicht ist dein Mädchen ja auch da."

„Bernd, du bist ein Genie. Wir sehen uns heute Abend!"

Darauf lief Hans schnell los. Er hatte nur noch wenige Stunden, um Twist zu lernen.

Zu Hause klopfte Hans kräftig gegen die Tür seines Bruders. Aus seinem Zimmer erklang laute Musik. Er hatte eine Schallplatte aufgelegt und konnte ihn wohl nicht hören. Doch nachdem Hans ein paar Mal geklopft hatte, rumorte etwas in dem Zimmer.

„Bernd, komm doch rein."

Nicht sein Bruder, sondern dessen Freundin Edith öffnete ihm die Tür.

„Brüderlein, was gibt es?", fragte sein großer Bruder.

Hans erklärte ihm, dass er innerhalb weniger Stunden lernen musste, wie der Twist getanzt wurde.

„Na, ich kann mir fast denken, woher dein plötzliches Interesse fürs Tanzen kommt. Da möchte ich dir doch behilflich sein. Komm Edith, zeigen wir meinem kleinen Bruder, wie er die Tanzfläche zum Kochen bringen kann."

Er stand auf, legte eine andere Schallplatte auf und stellte sich gegenüber von Edith hin.

Als die Musik anfing, erkannte Hans sofort Elvis Presley mit „Jailhouse Rock". Sein Bruder und seine Freundin fingen an, ihre Füße und Arme rhythmisch zur Musik zu bewegen. Das sah aus, als würde es riesig Spaß machen.

„Jetzt probier du es aus! Lass dich einfach von der Musik mitreißen", rief Edith.

Vorsichtig ahmte Hans die Tanzbewegungen zum Takt der Musik nach.

„Schaut doch schon prima aus. Nur deine Angebetete darfst du beim Twist leider nicht berühren", zwinkerte sein Bruder ihm zu.

Hans bedankte sich für die improvisierte Tanzstunde und machte sich für die Party fertig.

Bald schon wurde Hans von seinem besten Freund Bernd zu der Fete abgeholt.

Als sie ankamen, wurde bereits wild getanzt und die Wohnung war von lautem Stimmengewirr und noch lauterer Musik erfüllt.

Da sah Hans Hilde mit einem leeren Glas in der Tür zum Wohnzimmer stehen. Er ging schnell in die Küche, füllte zwei Gläser mit Bowle und schlenderte zu ihr.

„Für mich?", fragte sie und griff, ohne auf eine Antwort zu warten, nach dem Glas.

Sie unterhielten sich den ganzen Abend. Zuerst über die Tanzschule und die schreckliche Frau Tuschmann, dann über ihre Lieblingsbeschäftigungen und schließlich über Musik.

Aus dem Wohnzimmer erklang plötzlich der Song „Let's Twist Again" von Chubby Checker. Hilde und Hans sahen sich an und grinsten. Hans nahm ihre Hand und führte sie in das Wohnzimmer. Sämtliche Möbel waren zur Seite geschoben. Gemeinsam mit einigen anderen Gästen tanzten die beiden bis in die frühen Morgenstunden den Twist.

Lassen Sie erzählen:

* Sind Sie früher in die Tanzschule gegangen?
* Welche Tänze haben Sie in der Tanzschule gelernt?
* Was konnten Sie von Ihren Geschwistern lernen?

Was Sie noch tun können:

Tanzen Sie gemeinsam im Sitzkreis! Legen Sie flotte Musik auf und machen Sie unterschiedliche Tanzbewegungen vor, die die Senioren nachahmen.

Mögliche Tanzbewegungen:

* die Schultern abwechselnd vor- und zurückbewegen
* die Hände zu Fäusten ballen und abwechselnd die angewinkelten Arme schwungvoll nach vorn bewegen
* mit den Füßen nach rechts und links wippen

Das Wandern ist der Müllers Lust

Pünktlich um neun Uhr klopfte es an der Tür. Horst Müller hatte gerade seine neuen Wanderschuhe angezogen.

„Ihr seid ja überpünktlich", begrüßte seine Frau Angelika ihre Schwiegereltern.

Horst ging zum Kinderzimmer und schaute, ob die Zwillinge zum Aufbruch bereit waren. Denn heute sollte gewandert werden.

Die Kinder hatten ihre Schuhe angezogen und liefen zur Wohnungstür, um die Großeltern zu begrüßen. Angelika war noch schnell in die Küche verschwunden, um die letzten Butterbrote im Rucksack zu verstauen. Horst nahm seinen Wanderstock und die Wanderkarte. Dann konnte es losgehen.

Die Müllers unternahmen schon seit Horsts Kindheit an einem der ersten warmen Tage des Jahres einen Wanderausflug in das Umland.

Zuerst ging es über die Landstraße in den nahen Wald.

Horsts Mutter hatte die Zwillinge an die Hände genommen. Gemeinsam zählten sie alle Vögel auf, die aus den Baumwipfeln zu hören waren.

„Das war eine Meise. Die hört man hier häufig!", rief der kleine Stefan begeistert.

„Ich möchte einen Kuckuck hören!"

Die kleine Astrid zupfte aufgeregt am Rocksaum des Kleides ihrer Großmutter. Angelika lächelte und erklärte ihrer Schwiegermutter, dass Astrid ganz verrückt nach dem Ruf des Kuckucks war.

„Hör mal, Astrid, das war gerade ein Buchfink."

„Aber ich möchte jetzt einen Kuckuck hören!"

Horst und sein Vater lachten kurz auf bei Astrids Begeisterung für den Kuckuck. Dann vertieften sie sich wieder in die Wanderkarte.

Eigentlich mussten sie gar keinen Blick in die Karte werfen, da sie den Weg eh in- und auswendig kannten. Aber das Studieren der Wanderkarte gehört einfach dazu.

„Papa, hör doch!", kreischte Astrid plötzlich auf.

Und tatsächlich. Von oben erklang ein unverkennbares „Kuckuck".

Langsam lichtete sich der Wald und der Weg stieg an. Das kleine Wandertrüppchen musste nun eine Anhöhe erklimmen. Am Rande des Weges plätscherte ein kleiner Bach entlang.

Stefan fragte seinen Vater, ob er seine Schuhe ausziehen und mit nackten Füßen in den Bach gehen dürfe. Als Astrid das hörte, wollte sie natürlich auch ihre Füße in den Bach stecken.

„Aber nur, wenn ihr ganz vorsichtig seid und eure Kleidung nicht nass macht! Dass fände Mama nämlich gar nicht witzig", sagte Horst und blinzelte seiner Frau zu.

„Na, da möchte ich aber mitkommen!", sagte Horsts Vater. Unter großem Jubeln ging er mit seinen Enkelkindern zu dem kleinen Bach. Horst vertiefte sich wieder in seine Wanderkarte. Seine Frau und seine Mutter setzten sich auf eine Bank am Wegesrand und ließen sich die Sonne ins Gesicht scheinen.

„Was haltet ihr denn von einem zweiten Frühstück?", fragte Angelika nach einiger Zeit.

Die Kinder setzten sich in das Gras neben der Bank. Nachdem die Butterbrote verspeist waren, ging es weiter. Je höher sie die Anhöhe hinaufliefen, desto wärmer wurde es. Oben angelangt, hatten sie einen wunderbaren Blick in das Tal. Auf der anderen Seite des Weges grasten gemütlich Kühe auf einer Weide.

Die Kinder pflückten Blumen. Stefan wollte die Kühe damit anlocken und füttern. Astrid bastelte sich aus den Blumen einen Kranz für ihre Haare.

„Wir können doch gemeinsam etwas singen", schlug Angelika dann vor.

Sie stimmten „Das Wandern ist des Müllers Lust" an. Angelika fing plötzlich an, zu lachen. Die anderen schauten sie erstaunt an. Nachdem sie sich die Lachtränen aus den Augen gewischt hatte, sagte sie: „Das euch vorher noch nie in den Sinn gekommen ist, den Text zu ändern! Hört mal her: Das Wandern ist der Müllers Lust, das Wandern ist der Müllers Lust."

Kichernd stimmten alle Müllers mit ein und sangen aus vollem Halse „Das Wandern ist der Müllers Lust".

Gegen Nachmittag kamen sie an ihrem Ziel an. Es war das Ausflugslokal, in das die Müllers schon seit Jahren auf ihren Wanderungen einkehrten.

Sie setzten sich in den Biergarten. Die Kinder tranken Limonade und aßen Pommes frites mit Ketchup, die Erwachsenen tranken Radler und aßen Schnitzel mit Kartoffelsalat.

So gesättigt, merkte Horst seine müden Füße und seufzte zufrieden. Die Wirtin hatte den Kindern Malvorlagen und Buntstifte gebracht. Horsts Vater war eingenickt. Seine Mutter und Angelika tauschten den neuesten Tratsch aus der Nachbarschaft aus. So ließ es sich leben.

Schließlich hatten sich alle erholt und waren wieder voller Energie. Sie verließen das Ausflugslokal und gingen hinunter ins Tal. Dort lag ein kleiner Bauernhof. Die Kinder liefen sogleich zum Gehege mit den Ziegen. Diese freuten sich über das Gras, das die Kinder pflückten und ihnen hinhielten. Sogleich kamen auch ein Pony und ein Esel angetrabt.

Es dämmerte bereits. Nachdem das Pony und der Esel noch einmal herzlich gestreichelt worden waren, ging es auf den Rückweg.

Wieder zu Hause angekommen, verabschiedeten sich die Eltern von Horst. Die Kinder wurden fürs Bett vorbereitet und Horst setzte sich noch kurz zu ihnen.

„Papa, singst du uns noch ein Gutenachtlied vor?"

Und gemeinsam sangen sie erneut ihr ganz eigenes Wanderlied „Das Wandern ist der Müllers Lust".

Lassen Sie erzählen:

* Sind Sie früher gerne wandern gegangen?
* Wo haben Sie am liebsten Wanderungen unternommen?
* Welche Lieder haben Sie beim Wandern gerne gesungen?
* Welche Berge kennen Sie? (Watzmann, Zugspitze, Matterhorn, Alpen, Mount Everest, Taunus, Dolomiten ...)

Was Sie noch tun können:

Singen Sie gemeinsam die erste Strophe des Liedes „Das Wandern ist des Müllers Lust“:

Das Wandern ist des Müllers Lust,
das Wandern
Das muss ein schlechter Müller sein,
dem niemals fiel das Wandern ein,
das Wandern, Wandern
das Wandern, das Wandern.

Erinnern die Senioren auch noch weitere Strophen?